金松林
著

罗兰·巴尔特的面孔

时代出版传媒股份有限公司
安徽教育出版社

图书在版编目（CIP）数据

罗兰·巴尔特的面孔 / 金松林著. —合肥：安徽教育出版社,2019.7
ISBN 978-7-5336-8807-3

Ⅰ.①罗… Ⅱ.①金… Ⅲ.①巴特(Barthes, Roland 1915—1980)－思想评论 Ⅳ.①B565.59

中国版本图书馆 CIP 数据核字（2019）第 000608 号

罗兰·巴尔特的面孔
LUOLAN · BAERTE DE MIANKONG

出 版 人：费世平
质量总监：姚 莉
策划编辑：何 客
责任编辑：何换生　徐　鹏
助理编辑：黄晓宇　金 雯
装帧设计：袁　泉
责任印制：陈善军

出版发行：时代出版传媒股份有限公司　安徽教育出版社
地　　址：合肥市经开区繁华大道西路 398 号　邮编：230601
网　　址：http://www.ahep.com.cn
营销电话：(0551)63683012,63683013
排　　版：安徽时代华印出版服务有限责任公司
印　　刷：合肥华云印务有限责任公司

开　　本：880×1230　1/32
印　　张：6.5
字　　数：180 千字
版　　次：2019 年 7 月第 1 版　2019 年 7 月第 1 次印刷
定　　价：36.00 元

（如发现印装质量问题，影响阅读，请与本社营销部联系调换）

目 录

前言　001

安德烈·纪德的影响　007

与萨特的理论分歧　028

"中性"作为理论的辐辏　046

通过身体思考　065

文本阅读的实验　082

日本，符号与差异　100

音乐、噪音和快感的诗学　117

摄影的神话与本质　130

迈向寂静的哲学　149

幻想式教学：一种梦想　172

参考文献　187

后记　203

前言

罗兰·巴尔特（Roland Barthes，1915—1980）是法国当代著名的文艺理论家、文学批评家、符号学家、结构主义和后结构主义的杰出代表人物，他在自己的有生之年笔耕不辍，写下了卷帙浩繁的作品，因为这些作品的独创性和思想性，使他和米歇尔·福柯、雅克·德里达、雅克·拉康、列维－斯特劳斯等人一样，赢得了世界声誉。[①] 时至今日，他的作品已被翻译成多国语言，对不同国家的理论建设和发展产生了积极的影响。

鉴于巴尔特的重要性，格雷厄姆·艾伦评论说："要研究当代理论，必须从了解和研究他的作品开始。"[②] 可是，面对如此繁复的作品我们该如何理解他呢？这是每个研究者必须思考的问题。美国著名文艺理论家乔纳森·卡勒在一本小书中告诫我们，巴尔特拥有"变色龙"一般的理

[①] 对于他的名字，国内有诸多翻译，如"罗兰·巴特""罗兰·巴尔特""罗朗·巴特"，本书除引用外，一律称"罗兰·巴尔特"，简称"巴尔特"。

[②] Graham Allen. Roland Barthes. London and New York: Routledge, 2003, p. 1.

论个性:"每当巴尔特想采取一些新的、野心勃勃的计划——创建文学科学、符号学、当代神话科学、叙事学、文学意义史、分类学、文本愉悦的拓扑学——他又会迅速转向其他方面。他经常放弃曾经固守的提议,并且在写作中对自己先前关注的事物冷嘲热讽。"① "这种情况可能会让读过巴尔特某部作品,并且被其灼见激动过的人感到不满。人们往往责备巴尔特缺乏坚毅的性格,转而赞赏那些在葡萄园中踏实苦干的人,他们不会被天边诱人的景色吸引而逃避劳作的艰辛。但是,巴尔特令我们兴致盎然,因为他富有刺激性,我们很难将自己对其作品的迷恋与他不断求新求变、突破传统的行为分开。对某些计划的持久献身可能会使巴尔特成为一个创造力低下的思想家。"② 因此,当我们企图定义巴尔特的身份,称他为——其实很多人就是这样做的——一个作家、一个文学评论家、一个符号学家、一个结构主义或后结构主义者、一个文坛斗士、一个同性恋者,都会陷入本质主义的陷阱。安迪·斯塔福德(Andy Stafford)在自己的著作中半是认真半是戏谑地说,巴尔特的名字是加了复数的。这也就意味着,在理论上并不存在一个单一的巴尔特,存在的是数个巴尔特的叠合。他们分散在不同的文本中,彼此参照,相互折射,进而形成色彩斑斓的理论风景。

从20世纪60年代开始,人们就在不断地阅读他。可是迄今为止,没有一个研究者胆敢声称自己的阅读是详尽且切近的。这不仅仅是因为巴尔特的理论非常混杂,更是因为其作品呈现出来的独特风格。凡是接触过的人都知道,他的作品大多行文跳跃,语义艰深,既含沙射影,又

---

① Jonathan Culler. Barthes: A Very Short Introduction. Oxford: Oxford University Press, 2002, pp. 3—4.

② Jonathan Culler. Barthes: A Very Short Introduction. Oxford: Oxford University Press, 2002, p. 4.

飘忽不定。在形态上，非常接近于他曾定义的"极乐的文本"（text of bliss）："这种文本处于眩晕的状态，令人不适（或许已经到了厌烦的地步），它拆解了读者的历史、文化和心理预设，破坏了他的趣味、价值和记忆的连续性，使他和语言的关系陷入危机之中。"① 更何况，他的作品总是装配着各种时髦的理论和科学的伪形，如马克思主义、符号学和精神分析。如果我们对这些理论亦步亦趋，那么，又不免会滑入巴尔特极力反对的"多格扎"（Doxa，又译"套语""套话""陈词滥调"）。在他眼里，"多格扎是一种错误的对象，因为它是死去的重复，它不是来自活人的身体——更确切地说，它来自死人的身体"②。作为一种反应性训练，巴尔特总是不断地寻求悖论（Paradox）。当一个多格扎出现了，为了摆脱它，他假设一种悖论。当这个悖论又成为新的多格扎，他又抛弃它，重新寻找新的悖论。从多格扎到悖论，再从新的多格扎到新的悖论……如此循环，致使巴尔特的理论总是处于未定和流变的状态。在一些著作中，他还特意提醒人们"不要去相信他所写的东西，而要相信他所作出的写作的决定"③。这些无疑令卑躬的学者们心生敬畏，却又欲罢不能。于是出现了十分有趣的现象：人们总在滔滔不绝地说他，可是又有谁能摸得准他呢？

有学者评价雅克·拉康是"一个具有超现实主义风格的理论家"④，和他同在一个阵营并且相互亲近的巴尔特又何尝不是。特别是转入后期，

---

① Roland Barthes. The Pleasure of the Text. trans. Richard Miller. New York: Hill and Wang, 1975, p. 14.
② Roland Barthes. Roland Barthes by Roland Barthes. trans. Richard Howard. Hampshire and London: Macmillan Press, 1977, p. 71.
③ Roland Barthes. Critical Essays. trans. Richard Howard. Evanston: Northwestern University Press, 1972, p. xvii.
④ 吴琼：《雅克·拉康——阅读你的症状》（上册），北京：中国人民大学出版社，2011年，第1页。

巴尔特的写作更是无所顾忌。"他混融一切语言，即便这些语言不能相互匹配；他默默地接受各种指责，非逻辑性，非协调性；面对苏格拉底式的讥讽（让对话者颜面无存：自相矛盾）以及合法的恐怖主义（多少罪证就是建立在连贯性的心理学的基础上），他漠然置之。这样的人当然是被我们社会——法庭、学校、收容所——所嘲讽的对象，人们对他不屑一顾：谁能寡廉鲜耻地忍受得了矛盾？现在，反英雄（anti－hero）出现了：在他自得其乐的时刻，他就是文本的读者。"① 这不仅意味着巴尔特是站在传统的对立面来展开写作，而且从源头上混同了作者和读者，因为在他的眼中，读者并不是被动的消费者，而是主动的生产者，他和作者一样总是积极地参与文本的生产。"打开一个文本，将它置于阅读的系统之中，不仅仅是要求并展示它能够被自由地理解；更重要的，而且更为彻底的，是为了获得一种认知：不存在阅读的客观的或主观的真理，而只有游戏的真理；在这，'游戏'不能被理解为娱乐消遣，而必须被理解为一项工作——然而，在这项工作中，劳作的艰辛烟消云散了：阅读就是使我们的身体活跃起来（精神分析教导我们，身体大大超越了我们的记忆和我们的意识）。在文本符号的邀请之下，语言来回地穿越我们的身体，并且形成某种波光粼粼的句子的深渊。"② 假如人们尚未找到进入巴尔特的方便之门，这段文字便启示我们：何不将他视为"可写的文本"？

所谓"可写的文本"（writerly text），具有这样的特性：首先，它并非现成之物，我们不可能在书架上找到它，从一开始，它就隶属于方法

---

① Roland Barthes. The Pleasure of the Text. trans. Richard Miller. New York：Hill and Wang，1975，p. 3.

② Roland Barthes. The Rustle of Language. trans. Richard Howard，New York：Hill and Wang，1986，p. 31.

论的范畴；其次，它是生产性而非再现性的，这种对立很容易让人想起拉康对"真相"（real）和"真实"（reality）所作的界定，前者是"演示"出来的，而后者是"显示"出来的；也正因为如此，所以才有了第三个特征，即它总是延宕的，始终处于未完成的、开放的状态，能够吸引不同读者积极参与其中；最后是它的差异性或者复数性质，可写的文本追求的不是某种特定的、不变的语义，而是诸多意义的交响。面对这样的文本，每个读者都可以有自己的解释，并且能够对自己的解释进行不断的修改调整，然后再次潜入文本之中，从而获得更新的理解。总之，"在这种理想的文本中，不仅网络纵横，而且交互作用，没有一个能够超越他者；这种文本是能指的星系，而不是所指的结构；它没有开端，可以往复回流；我们可以获得无数的通道，却没有一个胆敢宣称自己是主要的；目力所及，符号不断向前延伸，它们是未定的（意义从来不受限于既定的法则，除非通过丢骰子的方式）；意义的系统可以接纳这种绝对的复数的文本，只要语言具有无限性，那么，它的数目就是无尽的"①。

日本学者铃村和成在"挺近"巴尔特时曾确立了以下原则：一、不将巴尔特神化；二、不自诩为巴尔特研究的专家；三、仅限于做个普通读者来阅读巴尔特。② 我认为在本书写作的过程中，这些原则仍值得借鉴，不过在方法上还应补充一条，即可大胆地将巴尔特视为"可写的文本"。本书就是以上四种原则指导下的产物，也就是说，我对巴尔特的阅读实际上是一种个性化的写作。这种写作并非为了逃避责任，摆脱逻辑梳理和历史阐释的艰辛，而是为了寻找一种更加切近巴尔特的方式。回

---

① Roland Barthes. S/Z. trans. Richard Miller, New York: Hill and Wang, 1974, pp. 5—6.

② 铃村和成：《巴特：文本的愉悦》，戚印平、黄卫东译，石家庄，河北教育出版社，2001年，第2页。

到巴尔特，这既是我也是同时代读者的梦想。

在本书的结构安排上，我没有依循通常的做法，即按照章节的顺序来布局，因为这种布局方式讲求的是理论研究的内在逻辑和整体性。这样做显然与巴尔特的思想背道而驰，凡是熟悉他的人都知道，他在理论创建的过程中，特别是转入后结构主义阶段以后，极力反对的就是逻辑性和整体性。在《罗兰·巴尔特谈罗兰·巴尔特》(1975)一书结尾，他就讥讽整体性同暴力那样滑稽可笑。[1] 为此，我不仅略去了"第一章""第二章"这样的提示语，而且放弃了整体性的幻觉，将这些片断随机地搁置在一起，它们就像一个个文本的入口，当您拿起这本书，无需从头至尾地阅读，可以从任何地方开始。在每一个片断以及这些片断与片断的裂口处，您将会看到巴尔特如此斑斓的面孔。

---

[1] Roland Barthes. Roland Barthes by Roland Barthes. trans. Richard Howard. Hampshire and London: Macmillan Press, 1977, p. 180.

安德烈·纪德的影响

> 从来没有任何诗人，或从事任何一门艺术的艺术家，他本人就已具备完整的意义。他的重要性，人们对他的评价，也就是对他和已故诗人和艺术家之间关系的评价。你不可能只就他本身来对他作出估价；你必须把他放在已故的人们当中进行对照和比较。
>
> ——T. S. 艾略特：《传统与个人才能》

在巴尔特的理论生涯中，安德烈·纪德、阿尔贝·加缪、儒勒·米什莱、居斯塔夫·福楼拜、让－保罗·萨特、阿兰·罗伯－格里耶、马塞尔·普鲁斯特、贝托尔特·布莱希特、莫里斯·布朗肖等产生了重要的作用。其中，特别是安德烈·纪德对巴尔特的影响深远。在《罗兰·巴尔特谈罗兰·巴尔特》(1975)中，巴尔特坦言："他早期所写的文章中，有一篇论及纪德的《日记》(1942)；另一篇（《在希腊》，1944）明显是从模仿《人间食粮》而来。在他早期的阅读中，纪德占据了重要的位置。……如果不考虑其他，他作为新教徒，一个对'文学'饱含热情和喜欢弹钢琴的人，为何不可以在这位作家身上重新认识自己并表达自己的欲望呢？纪德式的渊源，即纪德式的核心持久未变，他在我的脑海里总是不断闪现。纪德是我最初的语言，我的原始起点（ursuppe），我的文学饭汤。"① 由此可见，纪德在巴尔特的心目中具有他人无法取代的分量。

从时间上看，他和纪德的渊源须追溯到"山中岁月"。1941 年 9 月，当巴尔特正准备参加教师资格考试时，他的结核病复发了。在经过简单的气胸治疗手术之后，他很快被送往位于法国伊泽尔省的圣伊莱大学生疗养院。由于疾病的反复，巴尔特在此一呆就是五年，直到 1945 年底才离开。菲利普·罗歇（Philippe Roger）将这一时期称为巴尔特的"山中岁月"②。在此期间，巴尔特阅读了大量著作，其中就包括纪德的小说《伪币犯》《背德者》《窄门》《人间食粮》《梵蒂冈地窖》《田园交响曲》等。这些作品新颖独特，它们既不同于现实主义的创作，也不同于自然主义的创作，带有独特的个性风格，深得巴尔特的喜爱。为了深入理解这些作品，巴尔特还认真搜集并阅读了纪德的日记，因为他的小说和日记有着密不可分的关系，譬如小说的主题、题材、人物、情节等细节因素，纪德习惯在日记中予以详细解释，因此，对于读者来说，阅读他的日记是进入其小说世界之门。更何况，纪德的日记文笔细腻，深情隽永，在艺术上丝毫不亚于他的小说，在写作姿态上甚至比他的小说更加真诚。巴尔特迷恋纪德的文字，欣赏他的性格，仰慕他的风采，臣服于这位大师的美学诱惑。

---

① Roland Barthes. Roland Barthes by Roland Barthes. trans. Richard Howard. Hampshire and London: Macmillan Press, 1977, p. 99. 巴尔特在《罗兰·巴尔特谈罗兰·巴尔特》中总是以第三人称的方式谈论自己。所以，这里的"他"和"我"均指巴尔特本人。

② 菲利普·罗歇:《罗兰·巴尔特传：一个传奇》，张祖建译，北京：中国人民大学出版社，2013 年，第 316 页。

1942年秋天，巴尔特在《生存》（*Existence*）杂志上发表了评论文章《论纪德和他的〈日记〉》。① 此前，他发表了《文化与悲剧》（1942），该文主要讨论悲剧的传统定义以及它与文化之间的互动关系。如果说这篇文章还停留在古典领域的话，那么《论纪德和他的〈日记〉》便是巴尔特通向现代的桥梁。在该文中，他系统讨论了纪德的艺术个性、作品风格、故事结构和人物特色。不过，在文章的结构和内容上，巴尔特并未放弃自己的思考，相反，它被打上了巴尔特思想的烙印，其言说和阐释方式完全是巴尔特式的。这篇文章虽然不够成熟，却埋藏着诸多的可能性，如果联系到巴尔特后来的理论发展，我们就会发现它非常重要。

一、回到文学本身

纪德的作品和法国传统小说有着天壤之别。传统的法国小说强调题材与现实生活的关系、典型人物的塑造、故事情节的戏剧性和复杂性等。比如，巴尔扎克就强调小说是现实生活的镜子，它们不仅要折射已有的历史，还要反映人们当下的生活环境。罗曼·罗兰也明确指出："我比任何人都要坚决地主张艺术家必须保持与具体现实的密切联系，以便艺术

---

① 《生存》是圣伊莱大学生疗养院的内部刊物，巴尔特也是该刊物的创办人之一。除了一篇新闻稿，巴尔特在这一刊物上先后发表了《论纪德和他的〈日记〉》（1942）、《罪恶的天使》（1943）、《〈影响〉杂志专刊及其小说问题》（1943）、《古典的愉悦》（1944）、《在希腊》（1944）、《关于〈局外人〉风格的思考》（1044）等文章，这些文章在思想上尽管并不成熟，却标志着巴尔特文学批评和理论生涯的开始。

家不只是单纯地研究现实,而且在创作实践的过程中,始终不离开现实。"① 小说家的创作意图应该是怎样的?雨果给出的回答是:"应该通过有趣的故事阐明一个有用的真理。"② 在文学发展的过程中,这些观念逐渐成为法国现实主义文学的"金科玉律",影响了几代人,很多作家都自觉地遵从这些规范。但是,如果用这样的标准来衡量纪德的小说,我们就会发现他的作品几乎算不上小说,因为他的作品和现实生活基本割裂了联系,即便有联系的话,那也是作家本人的个体生活,而不是我们在其他小说中所看到的普通的社会生活。此外,他的很多小说没有完整的故事情节,更谈不上曲折动人的结构,有些作品甚至将小说、诗歌、日记、书信等众多体裁混合在一起,变成了"面目可憎"的事物。

纪德为何要这样做呢?这和他的小说观念有密切联系。纪德认为传统的小说羼杂了太多原本不属于小说的东西,如社会、政治、历史、文化,这些只能使小说沦为某种附庸而不是真正的文学。作为一个小说家,特别是当代小说家,他的任务就是要彻底清除这些文学中的非文学因素。因此,"纯小说"便成为纪德矢志追求的目标。他说:"取消小说中一切不特殊属于小说的元素。正像最近照相术已使绘画省去一部分求正确的挂虑,无疑留声机将来一定会肃清小说中带叙述性的对话,而这些对话常是写实主义者自以为荣的。外在的事物,遇险,重伤,这一类全属于电影;小说中应该舍弃,就连人物的描写在我也不认为真正属于小说。真的,我不认为'纯小说'(而在艺术中像在别的事物中一样,我所惟一

---

① 罗曼·罗兰:《你们正在开创一个新纪元》,见《法国作家论文学》,王忠琪等译,北京:生活·读书·新知三联书店,1984年,第32页。
② 维克多·雨果:《雨果论文学》,柳鸣九译,上海:上海译文出版社,2011年,第3页。

关心的是纯洁）有这需要。"① 比如他的《乌连之旅》在形式上像一篇游记，可是人物所到之处与外在的现实几乎是断裂的，我们在小说中也根本看不到任何现实性的因素，作者在创作中也极力淡化故事情节，所以整个作品如梦如幻，结尾的"赠言"更是体现了纪德小说的这一特性。②在《窄门》中，他虚构了两个中心人物——热罗姆和阿莉莎，其实他们不过是纪德本人和他的表姐玛德莱娜·隆多的替身，他不厌其烦地书写他们之间的感情纠葛以及失败的婚姻。《田园交响曲》《人间食粮》《安德烈·瓦尔特笔记》和《窄门》一样，它们都带有传记的性质，而所有这些都限定在比较狭小的圈子里，或者说仅限于纪德本人的生活。罗歇·马丁·杜伽尔曾说："从早到晚，甚至在娱乐中，甚至在做爱的时候……那些稍纵即逝的感觉也捉住不放，表达出来，成为纪德的风格，浓缩在他特有的'配方'里，随时加以使用。他生活的唯一目的是丰富自己的作品（或丰富他的人生，那个贡献给作品的人生）。"③ 至于外在世界的变迁，对纪德而言，均是遥不可及的事物，他毫不关心。

"必须写，必须写，哪怕写得不好。"④ "写作！真叫人乐不可支！简直发神经！思考，幻想，并歌唱自己的幻想和思考。"⑤ 对写作的热情使

---

① 安德烈·纪德：《纪德文集》（第3卷），北京：人民文学出版社，2002年，第67页。
② 纪德在小说结尾的"赠言"中说："夫人！我欺骗了您：/我们没有作这次旅行。/……这个旅行只是我的梦。"参见安德烈·纪德：《纪德文集》（第1卷），北京：人民文学出版社，2002年，第56页。
③ 转引自皮埃尔·勒巴普：《纪德传》，苏文平、黄贤福、高艳春译，上海：东方出版中心，2001年，第153页。
④ 安德烈·纪德：《纪德文集·日记卷》，李玉民译，广州：花城出版社，2002年，第25页。
⑤ 安德烈·纪德：《纪德文集·日记卷》，李玉民译，广州：花城出版社，2002年，第12页。

纪德总是马不停蹄，当一部作品尚未完成，他马上又会开始下一部，当遇到没有任何头绪时，他就会不断地写日记或者给朋友们写信。纪德曾对挚友保尔·瓦雷里说："假如我不写作，我就会自杀。"① 莫里斯·布朗肖在《文学空间》中用"惩治式握笔"来描述作家的这种写作状态："有时，握笔的人，即使他非常想放下笔来，而他的手却不松开；相反，这只手握得更紧而不放开。另一只手正在更成功地介入进来……这只手，在某些时光，感到一种强烈的抓的需要：它应当拿起笔，必须这样做，这是命令，是不可违抗的要求。"② 纪德长期处于这种紧张的写作状态，并且被它深深地折磨，难以抗拒。所以，在《纪德评传》的开篇，埃里克·德肖评价说："成千上万页日记和小说都只围绕着一个主题，这就是它们的作者：安德烈·纪德。或许除了阿米埃尔之外，从未有人垒砌过同样的纸页丰碑。这座丰碑与其说独特不群，不如说极端寂寞。"③ 即便如此，纪德仍然乐此不疲。

这样一个作家，他沉浸在自己的内心里，不关心外在世界。从精神气质上判断，他显然是一个浪漫主义者。以赛亚·伯林说："浪漫主义的结局是自由主义，是宽容，是行为得体以及对于不完美的生活的体谅；是理性的自我理解的一定程度的增强。"④ 这一评价自然也适合于纪德，他对现实主义的文学传统的忽视就是极端自由主义的表现。破坏常识，破坏传统的叙事陈规，破坏读者的审美趣味，把小说提升到纯粹的激情

---

① 克洛德·马丹：《纪德》，李建森译，北京：生活·读书·新知三联书店，2002年，第50页。
② 莫里斯·布朗肖：《文学空间》，顾嘉琛译，北京：商务印书馆，2005年，第6页。
③ 埃里克·德肖：《纪德评传》，罗湉译，广州：花城出版社，2004年，第1页。
④ 以赛亚·伯林：《浪漫主义的根源》，吕梁等译，南京：译林出版社，2008年，第145页。

乃至绝对的精神层面，这就是纪德持续不断的工作。他是个新教徒，因为同性恋，所以在行为上不合教义，但是心中从未放弃对美德的追求，特别是对于万能的上帝，他始终保持着应有的赤诚。"上帝给我们预备了更美好的事。"① 所以，我们要信靠他，要崇敬他。在纪德笔下，他塑造了形形色色的女性人物，如《乌连之旅》中的爱丽丝，《窄门》中的阿莉莎，《田园交响曲》中的热特律德，她们均源于一个理想的原型，那就是贝雅特丽齐。贝雅特丽齐是诗人但丁年轻时的恋人，而在《神曲》中，她已成为爱的化身。她既代表着纯洁的童贞之爱，又代表着人在精神自救的过程中所仰望的上帝的圣爱，她是把人从庸俗不堪的感性生活引渡到信仰领域的桥梁。对但丁来说，从童贞之爱走向神圣之爱，这是人的精神磨砺以及新生的艰难历程。纪德从不否认但丁对自己的影响，他甚至将他视为自己的文学向导，其作品《乌连之旅》《窄门》等都隐约以《神曲》为参照。

巴尔特在《论纪德和他的〈日记〉》中比较准确地概括了纪德的创作个性。在巴尔特看来，纪德是个纯粹的文学家，他的作品有别于传统，富有创新性。"如果说伟大的法国文学经典是永恒的，这正是因为它们始终可以被改变。水流比大理石更经久长存。"② 纪德的重要性就在于，（至少在生前）他不是"大理石"，而是"水流"，是使法国文学滚滚向前的动力。有些批评家，如社会风尚的卫道士亨利·马西斯，就从道德层面斥责纪德，认为他的作品污秽不堪，如在《科里登》《如果种子不死》等作品中，他毫不避讳地谈论自己的同性恋，特别是在非洲，他和那些

---

① 安德烈·纪德：《纪德文集》（第 2 卷），北京：人民文学出版社，2002 年，第 108 页。

② 罗兰·巴尔特：《符号学原理——结构主义文学理论义选》，李幼蒸译，北京：生活·读书·新知三联书店，1988 年，第 24 页。

黑人青年之间"荒淫无耻"的性行为；弗朗索瓦·莫里亚克也认为纪德此类自我暴露的作品伤风败俗。① 面对这些批评，巴尔特却不以为然。他说："纪德的批评家不应企图根据善恶观来描绘他，像传记家们习惯去做的那样。这个角色应当足以使我们不致错误判断他的某些作品或语句，不管是由于无知，还是更糟地由于故意地或非故意地删略。这是一个有关'无限尊重个性'的问题，正如纪德本人尊重他人一样。"② 巴尔特的言下之意，是告诫我们不能站在道德的高地来谴责纪德"非正常"的性取向，不能以此为借口攻击他的作品，甚至否定他的艺术成就。

巴尔特认为纪德在文学的自主性方面作出了卓越的贡献，因为在《窄门》《帕吕德》《梵蒂冈地窖》等作品中他描述了一些情节，这些情节除了影射作者的生活之外，它们什么都不证明，"这些小说的特性是它们的绝对无用性，……它们是由构想故事的无上快乐中产生的，作家在无限众多和生动的可能方面（他不可能具有其中任何一个方面）将自己输入故事。正是和儿童相像的那种虚构本能赋予《拉夫卡的欧历险记》如此丰富的轻巧行径与如此妙趣横生的鲁莽言行，赋予了《伪币制造者》以现实中极不可能发生的复杂情节。纪德怀着极大的快乐构思着他的人物，他的愿望正是变成他们，他托现在他们身上，这些都在无数不可能骗住我们的琐碎细节中加以证实：拉夫卡的欧穿新衣时的快乐是用心加以描绘的（就像孩子详述他想要的玩具一般，特别当玩具只是在想象中存在时）；艾杜阿尔对奥利维的态度。正像在儿童的游戏中一样，现实突然溢入幻想世界：真实情节被插入小说之中，纪德顾不上改变其中的名

---

① 参见米歇尔·维诺克：《法国知识分子的世纪·纪德时代》，孙桂荣、逸风译，南京：江苏教育出版社，2006年，第9—13页。
② 罗兰·巴尔特：《符号学原理——结构主义文学理论文选》，李幼蒸译，北京：生活·读书·新知三联书店，1988年，第24页。

字，如老拉·普鲁斯的一段，乔治行窃一段等等。"①② 作家罗曼·罗兰曾批评普鲁斯特和瓦雷里远离了人民，指责他们只为少数精致的鉴赏家们写作，而逃避了热火朝天的时代生活。③ 巴尔特并不赞同这样的观点，他认为按照这种原则创作出来的文学只是一种"类文学"（para-littérature）而不是真正的文学，真正的文学所关注的只是文学自身的问题，如题材、结构、人物安排、故事场景、语言修辞，等等。至于作品的意义，巴尔特认为这并不重要，因为意义并不是由作家所赋予的，而是由读者所反馈的，否则意义就不会呈现出差异性。纪德说："我根本不考虑作品的深刻意义。"④ 只有在接触到读者的批评时，他才意识到自己作品的深刻意义。由此，纪德是巴尔特心目中真正的作家，是可以和普鲁斯特、瓦雷里相提并论的人，他持久的努力都是为了文学本身。

一个对文学执着的作家必然会重视作品的形式技巧，纪德就是如此。他在《梵蒂冈地窖》开篇致雅克·科波的题词中说："只有技巧问题对我最重要，我只希望做个好艺人。"⑤ 在日记中，他又强调："我必须学会无论讲什么，都用一种自己满意的形式。我要在于泽精审这种形式；文字不在多，短短几页，但是写得很完美，表达我的甜美的感受。我要找到颤栗的句子，窃窃私语，犹如暮色降临、晚风乍起时的溪边柳树叶；

---

① 罗兰·巴尔特：《符号学原理——结构主义文学理论文选》，李幼蒸译，北京：生活·读书·新知三联书店，1988年，第30—31页。
② 巴尔特这里所提到的《拉夫卡的欧历险记》是小说《梵蒂冈地窖》的最后一部分，《伪币制造者》即上文所提到的小说《伪币犯》。
③ 罗曼·罗兰：《论作家在现代社会中的作用》，见《法国作家论文学》，王忠琪等译，北京：生活·读书·新知三联书店，1984年，第36—37页。
④ 转引自罗兰·巴尔特：《符号学原理——结构主义文学理论文选》，李幼蒸译，北京：生活·读书·新知三联书店，1088年，第28页。
⑤ 安德烈·纪德：《纪德文集》（第2卷），北京：人民文学出版社，2002年，第127页。

听来音色奇特，仿佛睡意惺忪的声音，恍若在梦中，只是依稀记得，而且借助梦境的神秘气氛，使无名忧伤的泪珠，在心房的密室中颤动。"①他的小说《帕吕德》就采用了"套中套"的结构，《人间食粮》采用了散文诗的结构，《伪币犯》不断变换叙述视角，《太太学堂》采用了日记体的结构形式……克洛德·马丹评价说："形式和技巧的创新对他而言比作品内容更有意义；或者更准确地说，就像诗歌创作中的言词（discours）是玛拉美诗歌的核心一样，形式的问题在纪德的作品中具有构成内容本身的趋势。"② 在《论纪德和他的〈日记〉》中，巴尔特不仅肯定了纪德在形式方面的探索，而且将这一探索和时代语境充分结合起来。巴尔特说："在现代几位最伟大的小说家中（实际上自从爱伦·坡以来），我们的时代被这种小说创作法所否定，从而艺术家本人分解了创作程序，对程序的兴趣几乎像对作品本身的兴趣一样大。因为我们理解艺术是一种游戏，一种技巧（这种看法来自法国人发明的为艺术而艺术的公式。参见尼采的《超出善恶》，第 254 节）。如果我说瓦莱里使一位诗人能对诗学程序提供准确的论述，我不认为是误解了他。艾杜阿尔的令人惊异的《日记》是如此，纪德自己的《日记》中的许多片段也是如此。"③ 正因为这样，巴尔特建议我们在阅读纪德的作品时应采取注经家的方式逐行逐句地阅读，否则就难以窥其作品的堂奥，而他本人对纪德的阅读就十分仔细。

在文学方面，巴尔特从纪德那里究竟继承了什么？总的来说，包括

---

① 安德烈·纪德：《纪德文集·日记卷》，李玉民译，广州：花城出版社，2002年，第 65—66 页。
② 克洛德·马丹：《纪德》，李建森译，北京：生活·读书·新知三联书店，2002年，第 175 页。
③ 罗兰·巴尔特：《符号学原理——结构主义文学理论文选》，李幼蒸译，北京：三联书店，1988年，第 28 页。

两个方面：一是对文学自主性的追求。跻身巴黎文坛之后，巴尔特之所以批判萨特，否定萨特所提出的文学介入论，努力倡导"零度写作"，就是这一思想的延伸。巴尔特不能容忍文学遭受其他因素的玷污，和纪德一样，他总想保持文学的纯洁性。为此，在后期思想发展的过程中，他将创作者划分为两类：一类是"作家"（écrivains），他们精心加工语言，并且自始至终专注于这项工作；一类是"写家"（écrivants），他们不仅加工语言，还有其他的目的，或者说他们加工语言就是为了实现其他的目的。① 毫无疑问，巴尔特推崇"作家"而贬斥"写家"，因为他明白只有在前者的笔下文学才是鲜活自足的，而不是某种思想或政治的附庸。二是对作品形式技巧的关注。五六十年代，他对荷兰绘画、作家福楼拜、拉布吕耶尔和罗伯－格里耶的作品的分析都贯穿着从纪德那里继承而来的形式思维，这种思维在《写作的零度》（1953）中更是显而易见，他之所以倡导"零度写作"在某种意义上就是要为形式松绑，使它成为作家们共同关注的对象。这些思想在《论纪德和他的〈日记〉》中虽然还不十分明晰，却已经埋下了伏笔。

二、符号学的尝试

巴尔特的符号学理论既受到索绪尔的结构语言学的影响，同时又经历了较长时间的自我探索。② 在《论纪德和他的〈日记〉》中，我们可

---

① Roland Barthes. Critical Essays. trans. Richard Howard. Evanston: Northwestern University Press, 1972, pp. 143—150.
② 蒋传红：《罗兰·巴特的符号学美学》，镇江：江苏大学出版社，2013年，第46页。

以看到符号学的端倪。该文第三部分在涉及"艺术作品"时,他简要谈到了纪德笔下人物的专名问题。皮埃尔·吉罗在《符号学概论》中说:"姓名和绰号是身份的最通常的最普遍的标志。从原理上讲,它们都是有起因的,它们通过个人属于一个家庭或一个氏族、属于一种职业(如萨特所著《裁缝》,勒弗尔所著《手工业者》)、属于一种身体特征(白色皮肤,独眼者,等等)来表明这个人。"① 简言之,人的姓名和绰号是一种编码——文化编码、社会编码或历史编码。众所周知,我们的姓氏不仅和传统的婚姻制度有关,而且和家族历史有关,其中留存了一系列信息。在文学作品里,人物的专名并非胡乱编造,它们往往预示着人物的性格,以及他可能的遭遇和命运。总而言之,它们经过了作家的深思熟虑。

巴尔特在阅读纪德作品时发现,他对人物的专名有自己的认识和探索,如巴拉格里奥(Baraglioul)、普罗费特地欧(Profitendieu)、弗罗雷斯瓦(Fleurissoire)这些父姓均是具有讽刺含义的,纪德用这些姓氏来嘲笑大多数人沾沾自喜的状态;而艾杜阿尔(Edouard)、密歇尔(Michel)、贝尔纳(Bernard)、罗贝尔(Robert)这些名字都是大众化的,从中根本就看不出人物的个性,它们就像松散的外衣什么都不透露;而梅那尔克(Ménalque)、拉夫卡的欧(Lafcadio)这些名字不仅十分响亮,而且充满了异国情调。② 以上这些人物分散在《窄门》《背德者》《梵蒂冈地窖》《伪币犯》等小说中,组成了纪德小说的群像。如果从符号学的角度来说,它们都是作家精心设置的能指代码,每个代码都有它的指向

---

① 皮埃尔·吉罗:《符号学概论》,怀宇译,成都:四川人民出版社,1988年,第110页。

② Roland Barthes. Œuvres complètes, Tome I, 1942—1965, éd. Éric Marty. Paris: Seuil, 1993, pp. 31—32.

性，都附带着有价值的信息，作家就是要通过它们将这些信息传递给读者。由于这一时期巴尔特还没有接触到索绪尔和其他语言学家的著作，所以对该问题的讨论还无法上升到理论的高度，只能是浮光掠影。不过从这些简单的分析可以看出，这个疗养院的年轻人对语言符号充满了兴趣，他对纪德的研究已经触及了符号学问题。1944年，他在《生存》杂志上发表的另一篇文章《关于〈局外人〉风格的思考》也暴露出了类似倾向。

离开疗养院之后，巴尔特开始有计划地阅读语言学著作，特别是叶姆斯列夫、布龙达尔、索绪尔、本维尼斯特、雅柯布森、马丁内等人的著作。索绪尔在《普通语言学教程》中提出了符号学的构想，他说："我们可以设想有一门研究社会生活中符号生命的科学；……我们管它叫符号学（sémiologie，来自希腊语 sēmeîon'符号'）。它将告诉我们符号是由什么构成的，受什么规律支配。"[1] 索绪尔知道其理论难度非常大，因为这门学科不只涉及语言学，还涉及到人类学、历史学、社会学、艺术学、心理学、意识形态等广阔的领域，要在较短的时间内使之成型几乎不可能，因此他感慨万千："符号学任重道远，单是为了看清其所辖领域的边际，便要走过漫漫长路。"[2] 可喜的是，在他之后的语言学家从未放弃努力，查尔斯·莫里斯（Charles Morris）、恩斯特·卡西尔（Ernest Cassirer）、雅柯布森、马丁内等都从理论的层面探讨过符号的问题。1956年，巴尔特在《神话学》的第二部分"今日神话"中进行了符号学实践，其研究不再停留在单纯的理论层面，而是和资产阶级的大众神话

---

[1] 费尔迪南·德·索绪尔：《普通语言学教程》，高名凯译，北京：商务印书馆，1980年，第30页。

[2] 转引自埃米尔·本维尼斯特：《普通语言学问题》，王东亮译，北京：生活·读书·新知三联书店，2008年，第113页。

结合起来，用符号学的方法来拆穿其意识形态的谎言。这篇文章超越了以往人们对于符号学的探索，标志着巴尔特符号学思想的渐趋成型。此后，在《摄影信息》（1961）、《广告信息》（1963）、《物体语义学》（1964）、《意义的调配》（1964）等文章中，巴尔特继续开拓，而所有这些为《符号学原理》（1964）的诞生奠定了基础。在这本小书中，他小心翼翼且不遗余力地将索绪尔的理论构想发展为一门真正的科学。《符号学原理》的出现不但为人们提供了方法论，更重要的是，宣告了符号学时代的来临。不久，巴尔特又抛出了另一部力作《流行体系》（1967），运用符号学的方法分析时装杂志所策划、发布和操控的流行神话。到60年代末，巴尔特作为一个符号学家已经名满天下。

我们虽然不能将此直接归功于纪德，但是不能否认他的影响，因为他对人物专名的巧妙安排激发了巴尔特的兴趣，使其认识到符号作为一种表征的意指功能。巴尔特后来在符号学领域的探索，可以视为《论纪德和他的〈日记〉》的一种延伸。我们虽然不能夸大它的影响，但是必须承认该文中的确种下了符号学的种子，只要条件具备，它就会生根、发芽、开花、结果，巴尔特后来的理论发展不过是顺其自然。

三、片断式写作

在《论纪德和他的〈日记〉》中，还有一点值得特别注意，即片断式写作。"片断"（fragment），又称"断片"，这种文体形式早在古希腊、罗马时期就已经出现，后来一直流传至今。如果按内容分类，"片断"大致包括四种形式：一是经过后人搜集整理的古人著作的残篇；二是因为作者突然离世或者兴趣转移而未竟的作品；三是某些作者有意采用这种形式来写作，如帕斯卡、弗·施莱格尔、克尔凯廓尔、尼采；四是采用日记、随记或者笔记的形式简单记录的作品。纪德一生写过大量日记，这些日记长短不一，却精美绝伦，在艺术价值上丝毫不亚于他的小说，甚至比他的小说更加珍贵。巴尔特在阅读纪德的过程中被这种不断开启的写作方式所吸引。他在《罗兰·巴尔特谈罗兰·巴尔特》中交代："他的首个文本或者大概是首个文本（1942）就是以片断构成的；当然，这一选择被认定是采用纪德的方式，'因为结构松散比歪曲秩序要更好'。"① 所以，他在将该文提交给刊物时决定按笔记的原样刊出，并不掩饰它们之间欠缺连续性的事实，也不试图建构某种阐释体系。我们看到该文正文主要由三个部分组成，依次是：1. 日记；2. 战栗；3. 艺术作品。每个部分又包括若干长短不一的片断，这些片断之间并没有密切的关联，几乎是各自独立的。就本文的内容而言，巴尔特虽然涉足了纪德的日记，但是所占篇幅不大，他集中分析的是他的小说作品及相应的写作技巧，因而他将文章的标题确定为《论纪德和他的〈日记〉》并不妥当，至少说它偏离了文章的重心。可见，这篇文章并不是思虑成熟的作品。然而，巴尔特后来一直采用的片断式的写作方式在此文中已经露出了端倪。

60年代以后，巴尔特将这种写作方式逐步理论化了。1961年，他应出版社的邀请为法国著名作家、思想家拉罗什富科（La Rochefoucauld）的《道德箴言录》撰写了一篇较长的序言。由于该书通篇由格言组成，所以巴尔特认为对于这样的文本有两种不同的阅读方式：一种是"选择性的阅读"（selectively），即读者可以随便挑选一个片断认真揣摩，而不顾及它和其他片断之间的关系；另一种是"依次阅读"（in sequence），

---

① Roland Barthes. Roland Barthes by Roland Barthes. trans. Richard Howard. Hampshire and London: Macmillan Press, 1977, p. 93.

也就是按照书本编定的顺序,从第一条格言开始逐条逐段地阅读。巴尔特推崇第一种方式,在他看来,这种阅读是灵活的、自由的、开放的,读者可以不受任何思想或体系的约束轻轻松松地进入文字之中,并且按照自己的意图或者认识作出阐释,做阅读的主人。而第二种阅读方式相比较而言多少有些僵化,因为读者必须按照书本给定的体例和逻辑去阅读,必须遵循某种连续性,或者自己去建构某种连续性,这种连续性一旦断裂,我们就会认为他的阅读是无效的,需要重新开始或者由他人加以引导。在这种阅读中,读者还会有意或无意地将某条格言的魅力稀释,使之均平到一个所谓的"总体"上去,因此这样的阅读很难获得快感。相反,"对作品进行非连续性和无序的阅读,其成效是每条格言在某种意义上是所有格言的原型"①。即采用这种阅读方式,每条格言都是新的开始,其不同寻常的特点卓然可见。

1975 年,巴尔特在《罗兰·巴尔特谈罗兰·巴尔特》中对这种写作方式又进行了总结。首先,片断式写作是一种去中心化的策略。以往我们总是被教导写作需要围绕一个中心展开,在主观上,我们相信这个中心一定存在。这个中心的功能不仅是用以引导和平衡文章结构的,而且被视为整篇文章的灵魂。德里达对此评论说:"因此人们总是以为本质上就是独一无二的中心,在结构中构成了主宰结构同时又逃脱了结构性的那种东西。这正是为什么,对于某种关于结构的古老思想来说,中心可以悖论地被说成是既在结构内又在结构外。"② 说它在结构内,就是认定它一定存在于文章中的某处;说它在结构外,就是说它的存在超越了文

---

① Roland Barthes. New Critical Essays. trans. Richard Howard. New York: Hill and Wang, 1980, pp. 3—4.
② 雅克·德里达:《书写与差异》(下册),张宁译,北京:生活·读书·新知三联书店,2001 年,第 502—503 页。

章本身，是一种形而上学的存在。鉴于中心的这种悖论性，德里达批判说："中心乃是整体的中心，可是，既然中心不隶属于整体，整体就应在别处有它的中心。中心因此也就非中心化了。"① 当中心不再存在，或者说，我们没有必要再赋予文本一个中心，那么写作就是自由的了。在这个场域中，可以任意地进行符号替换，可以将能指的表述视为一场游戏。这种去中心化的观念对巴尔特的影响非常深刻。他在《罗兰·巴尔特谈罗兰·巴尔特》中说："以片断的方式来写作：于是，片断就成了圆圈四周的石头。我向周边延展自己，我的整个小小的宇宙都变成了碎片；在中心，还有什么呢？"② 什么都没有，已经无所谓中心，一切都散碎开来，成为星状的、漂浮的能指。其次，片断式写作还是一种反总体性的策略。"总体性"（totality），也称"同一性"，即认为各种复杂的事物背后均有一个共同的本质，通过这种本质，我们可以将它们重新整合在一起。总体性的最大问题就是它会遮蔽事物之间的差异，使之抽象化、平面化、均平化。其实，大千世界每个事物都不尽相同，世界上没有两片相同的树叶，人也不可能两次走进同一条河流。因此，巴尔特批评说："总体性经常使人忍俊不禁或者恐惧，就像暴力那样，难道它不总是滑稽可笑的吗？"③ 他认为在人类思想中，总体性就是一种禁锢，一种诗意的妄想，一种负面的力量，而片断式写作既可以打破这种禁锢，又可以让主体获得愉悦，因为这种写作总是不断开始，不断结束，再开始，再结束，如此循环往复。最后，片断式写作还是一种反理性主义的策略。在

---

① 雅克·德里达：《书写与差异》（下册），张宁译，北京：生活·读书·新知三联书店，2001年，第503页。

② Roland Barthes. Roland Barthes by Roland Barthes. trans. Richard Howard. Hampshire and London: Macmillan Press, 1977, p. 93.

③ Roland Barthes. Roland Barthes by Roland Barthes. trans. Richard Howard. Hampshire and London: Macmillan Press, 1977, p. 180.

西方,自柏拉图以降,有着漫长的理性主义传统。理性主义相信人的理性可以把握一切,所以在面对外在的事物时总是诉诸理性和逻辑。这种思维不仅窒息了人的创造力,而且褫夺了人的自由。总之,在巴尔特这里,片断式写作已经不同于传统的定义,它并非一种简单的写作方式,而是一种意味深长的解构方式,其对象就是西方哲学和美学传统。

"片断有其理想:一种不属于思想、不属于智慧、不属于真理(就像在箴言中那样)的高度浓缩,而且是一种音乐性的高度浓缩:与'音调'相匹配的'间奏',即某种被分节的、歌唱的东西,一种朗诵,其中充满了动人的旋律。"① 将写作和音乐结合起来,或者说用音乐来类比写作是巴尔特惯用的手法,其目的是想表达这种写作所产生的愉悦。② 对于听众来说,一首曲子到底表达了什么并不重要,能不能听懂它的意思也不重要,重要的是能够感受到演奏者的情绪变化、乐音的起伏以及旋律的更迭,特别是能够将自己百分百地投入其中,并体会到它所带来的心灵悸动。对于巴尔特来说,"由于他喜欢去发现,喜欢写作开端,他便倾向于扩大这种愉悦。这就是他为何总是不停地写:如此多的片断,如此多的开端,如此多的愉悦"③,从一本书到另一本书,从一个时期到另一个时期,乐此不疲。在《罗兰·巴尔特谈罗兰·巴尔特》中,他还将片断和禅宗思想联系在一起,强调片断就是一种顿悟。它随时随地都可能出现,在火车上,在咖啡馆里,在和朋友聊天的时候,我们记下它,即便

---

① Roland Barthes. Roland Barthes by Roland Barthes. trans. Richard Howard. Hampshire and London: Macmillan Press, 1977, p. 94.

② 吕希·奥美拉在《非调性与调性:罗兰·巴尔特在法兰西学院演讲中的音乐类比》一文中较为详细地讨论了巴尔特的理论和音乐之间的关系。参见 Lucy O'Meara. "Atonality and Tonality: Musical Analogies in Roland Barthes's Lectures at the Collège de France", Paragraph, Vol. 31, No. 1, 2008, pp. 9—22.

③ Roland Barthes. Roland Barthes by Roland Barthes. trans. Richard Howard. Hampshire and London: Macmillan Press, 1977, p. 94.

是三两句话。日本的俳句就是这样,它所呈现的要么是这个世界的微小变化,要么是诗人瞬间的感悟,巴尔特虽然身为西方文化的他者却非常热爱这一艺术。

在法兰西学院的最后一期研讨班上,他还从类型学的角度将书分为两大类:一类是普通书,其中又包括:1."元始书"(ur－livre),如《圣经》《马太福音》《古兰经》,它们是人类迄今为止所形成的神圣的经典;2."引导书"(le livre－guide),如《使徒行传》、克尔凯郭尔的《十八训导书》,这些书籍和宗教也有着密不可分的关系,或者说它们就是"元始书"的衍生形式;3."关键书"(livre－clef),如荷马史诗、但丁的《神曲》、歌德的《浮士德》、塞万提斯的《堂吉诃德》,这些书开启了我们对一个国家、一个民族、一个时代的理解之门,马拉美称它们为"作品中的作品"。这种分类方式尽管并不严谨,却大致能够反映这些书的本质,那就是它们都是形而上学的产物,都是宏大思想的汇集。另一类是"反书"(anti－livre),如洛特雷阿蒙的《马尔多罗之歌》、菲利普·索莱尔斯的《女人们》《时光的旅人》,这些书是对传统书籍的反叛,它们虽然具有书的形式,但在内容和结构上与传统书籍相去甚远,是一些支离破碎的片断。它们在情节上,既是虚构,也是现实;在体裁上,既是小说,也是速记,既是散文,也是评论。总而言之,它们是非常混杂的,仅具书的形式而已。对于这两类书籍,巴尔特虽然没有直接表明自己的态度,但是我们结合他的前期思想可以推断,他崇尚的是后一种类型,因为它的出现颠覆了传统的书籍观念,特别是各种在场的形而上学,将宏大的书写变成了一种轻松自如的"能指游戏"。

为了更好地描述这些"反书",巴尔特还发明了一个新词:"书/相册"(livre/volume)。相册大家都很熟悉,它就是我们在日常生活中所拍照片的合集,这些照片临时摆放在一起,它们之间缺少内在的逻辑联系,即便有联系的话,那也是非常松散的。它们虽说是个集子,却怎么也上升不到书的高度。巴尔特在《小说的准备》中认为相册有两个重要的特征:一是即时性,也就是说,每张照片都是随境而异的事物。当我们到达某个地方,遇到某个人,参加某个活动,突然想留住某个瞬间并拍摄下来,这整个事件发生的过程都是即时性的。二是片断缝接式(rhapsodique)。既然是缝接,相册中的照片就可以随时增删或任意替换,毋须考虑太多缘由。巴尔特之所以发明这个概念,主要是为了从书籍类型学的角度描述那些片断式写作的作品,因为片断就像照片一样是偶发的、无序的,当我们将如许众多的片断编排在一起,与其说它是一本书,不如说它更像"书/相册",或者"相册式的书"(livre de l'volume)。对于传统书籍而言,它的存在无疑是一种挑战。巴尔特生前就写过很多类似的书,如《S/Z》《文本的愉悦》《恋人絮语》《偶遇》《中国行日记》《哀痛日记》,如何阅读它们,至今都是困扰我们的问题。

四、小结

通过上述梳理,我们已经看到纪德对巴尔特的影响不仅是多方面的,而且是十分深入的,他既影响到巴尔特的文学理论观念的形成,也影响到其符号学和片断式写作观念的萌生。可以想象,假如没有纪德的存在,或者说巴尔特早期没有接触到他的系列作品,其理论的发展很可能是另外一种状况。通过纪德,巴尔特很快告别传统并且找到了通向现代的桥梁,在法国理论界成为如此独特的一个,用其弟子茨维坦·托多罗夫的话说,"他根本就是不可取代的"①。

　　他的习作《论纪德和他的〈日记〉》尽管有拼凑的痕迹,在思想上也不够成熟,却依然是个富矿,我们在其中可以找到许多值得珍视的矿藏。除了以上提到的这些之外,巴尔特在该文中还不断引述尼采的观点,因为新尼采主义的风暴在法国60年代才开始流行,所以这一时期巴尔特对他的认识还不够深刻,仅停留在只言片语的理解上。后来,在吉尔·德勒兹、福柯、德里达等人的影响下,巴尔特才真正认识到了尼采思想的价值,并且成为了名副其实的新尼采主义者,身体、欲望、快感、权力等是他反复讨论的对象。遗憾的是,巴尔特的这篇文章迄今仍然备受人们的忽视。所以,当学术界有人喊出巴尔特研究已经带有"回顾"的性质时,我却认为真正意义上的巴尔特研究才刚刚开始。

---

① Tzvetan Todorov. "The Last Barthes", Roland Barthes: Critical Evaluations in Cultural Theory, Vol. Ⅳ. ed. Neil Badmington. London and New York: Routledge, 2010, p.259.

与萨特的理论分歧

> 理论的有趣与真意主要不在于其神乎其神或精致严密,也不在于实践或教学方面,而在于它对文学研究中固有观念的充满活力的抨击,以及固有观念对它的顽强抵抗。
>
> ——安托万·孔帕尼翁:《理论的幽灵:文学与常识》

"二战"刚刚结束,萨特就成了法国文坛的翘楚,几乎所有的刊物都把他放在聚光灯下。米歇尔·维诺克在回顾这段历史时曾戏称此时巴黎知识界只有两类人:拥护萨特的以及反对萨特的。前者之所以拥护萨特,主要是因为萨特不仅成功地将存在主义从德国搬到了法国,而且赋予了它新的理论内涵,即将存在主义大胆地阐释为"一种人道主义"。"自由""责任""担当"等字眼大大刺激了人们麻木的神经,特别是战争时期的惨痛教训,使他们觉得萨特的理论具有重要价值。而在后者看来,萨特的理论简直一文不值,因为政治和道德的狂热完全替代了理性的思考,就像精神鸦片,它在使人陷入感性泥沼的同时,"转移了年轻人要担负从法西斯悲剧的废墟中重建一个正义社会这一使命的注意力"①。昔日同在一个战壕的战友阿尔贝·加缪、雷蒙·阿隆、莫里斯·梅洛－庞蒂、克劳德·勒福尔等很快同他分道扬镳，勒内·艾田伯在一篇文章中甚至攻击萨特："'亲爱的萨特'？如果我今天还这样称呼您，那我就是和您一样在说谎。所以，我还是伤心地说一句：祝愿您倒霉吧！"②尽管有各种反对的声音，萨特还是坚定不移地把存在主义带到了大街上。

巴尔特作为法国文坛的后起之秀，早年曾是萨特的信徒。在圣伊莱大学生疗养院疗养期间，他阅读了萨特大量的著作。巴尔特晚期在回顾这段经历时说："1945年至1946年，人们在这一时期发现了萨特……我想说，从停战那天开始，我成为了一个萨特派和马克思主义者。"③然而，从他离开疗养院回到巴黎后不久，巴尔特便加入了反对者的行列。从1947年开始直到1953年，他在《战斗报》上发表了一系列文章，这些文章虽然没有点名，但是所有活跃在文坛的人都知道巴尔特是将批判的矛头对准他的偶像——萨特。是什么导致了这一决裂呢？最直接的"导火索"就是《什么是文学？》，在这篇文章中，萨特不仅重申了介入论的文学观，而且对法国历史悠久的纯文学传统展开了严厉的批判，其犀利的程度令人侧目。巴尔特尽管不是纯文学的爱好者，却对萨特咄咄逼人的架势心存不满，尤其厌恶那种赤裸裸的"文学介入"。在他看来，"这种写作的目的不再在于找到一种马克思主义的事实说明或行动的革命理由，而是为了呈现早已判定的事实，并且将一种谴责性的内容强加给

---

① 托马斯·弗林：《存在主义简论》，莫伟民译，北京：外语教学与研究出版社，2008年，第192页。
② 转引自米歇尔·维诺克：《法国知识分子的世纪·萨特时代》，孙桂荣、逸风译，南京：江苏教育出版社，2006年，第126—127页。
③ Roland Barthes. Œuvres complètes, Tome II, 1966—1973. éd. Éric Marty, Paris: Seuil, 1994, p.1310.

读者"①。由此,他提出了另一种更富有马克思主义色彩的文学观——"零度写作"或者"中性写作",和萨特的介入论相比,这是一种"既置身于各种呼声和判决的环境里却又毫不介入其中"②的文学态度。这种态度和萨特的理论针锋相对,呈现了他们思想的分野。

国内学术界经常提到这场论争,将《什么是文学?》视为《写作的零度》的潜文本,可是对于巴尔特"零度写作"或"中性写作"观念形成的背景却无人问津,至于其分歧的要点更是讳莫如深,遑论去清理《写作的零度》一书中的结构主义和后结构主义成分。一些想当然的解释充斥着我们的论文和著作,给人的印象是这些问题早已澄清了,大家只需接受即可。其实,在我们的解释中有太多的学术泡沫,正是这些泡沫将真正的问题掩盖了,使巴尔特和萨特的思想不是越来越明晰,而是逐渐模糊,最终成为一团疑云。本部分的任务是尽可能解决上述问题,重现当时的历史场景。在《真理与方法》中,伽达默尔说得非常明确:"当我们试图理解某个文本时,我们并不是把自己置入作者的内心状态中,而是——如果有人要将自身置入的话——我们把自己置入那种他人得以形成其意见的透视(Perspektive)中。"③唯有如此,我们才能真正把握某一思想观念或理论的实质。

---

① Roland Barthes. Writing Degree Zero/Elements of Semiology. trans. Annette Lavers and Colin Smith. London: Jonathan Cape Ltd., 1967, p. 24.
② Roland Barthes. Writing Degree Zero/Elements of Semiology. trans. Annette Lavers and Colin Smith. London: Jonathan Cape Ltd., 1967, p. 77.
③ 汉斯—格奥尔格·伽达默尔:《真理与方法》,洪汉鼎译,北京:商务印书馆,2007年,第396—397页。

一、写作取代文学

1945年,萨特和梅洛-庞蒂一起创办了《现代》杂志。在发刊词中,萨特首先攻击了所有资产阶级出身的作家不负责任的行为,因为他们主要为金钱、荣誉和地位写作,对各种社会事务漠不关心。"沦陷让我们懂得了'作家的责任感'……我们不是在追求不朽的过程中使自己永存的,不是因为我们在作品中反映了某些冷漠空洞的原则以求传世而成为绝对的,而是因为我们将在我们的时代中满怀激情地战斗,因为我们将满怀激情地热爱我们的时代,因为我们甘愿承受与时代同归于尽的风险。"① 随后,他明确提出了介入论的观点:"在'介入文学'中,介入在任何情况下,都不应该忘记文学。……我们关注的应是通过给文学输入新鲜血液为文学服务,犹如给集体奉献适合于它的文学为集体服务一样。"② 萨特认为,真正的作家不应回避社会问题,而应该面对现实,勇敢地揭露各种矛盾冲突。

该社论发表以后,在巴黎知识界立即引起了轩然大波。一些人开始追随他,视他为现实主义文学的旗手,同时也有一批人公开讨伐他,骂他是党派文学的走狗。老一辈作家安德烈·纪德就是最激烈的反对者之一,他在《人类世界》中集中批判了萨特所宣扬的"介入"和"干预"。《法兰西文学》的创办者让·波朗也批评萨特说:"文学家不是法官,各

---

① 转引自何林:《萨特:存在给自由带上镣铐》,沈阳:辽海出版社,1999年,第195页。
② 转引自何林:《萨特:存在给自由带上镣铐》,沈阳:辽海出版社,1999年,第195页。

人有各人的责任,各人有各人的位置。"①

为了回应这些责难,萨特很快便抛出了长达万言的力作《什么是文学?》。从1947年2月起,该文共分六期连载于《现代》杂志。什么是文学? 这在很多人看来是个愚蠢的问题,因为人人都知道文学是什么,它就是诗歌、小说、戏剧、散文……或者所有这些的总和,可我们却很难确切地定义它。伏尔泰说:"文学是所有语言中,最为频繁出现的含混不清的说法之一。"② 彼得·威德森说:"准确地界定文学的最初意义或是对这个词的用法给予严格限制是不可能的。"③ 既然如此,萨特为何还要提出这样的问题? 一位卓越的理论家最近指出,萨特之所以重新提出这一问题是因为"有些问题人们没有勇气再提"④。也有学者认为萨特重提这一问题的目的不是向大众普及文学常识,而是为了教化大众,因为这一标题教训的口吻十足。然而富有意味的是,萨特在搬出这一问题之后却并没有正面回答它,而是偷换了概念,即将"文学"转换成了"写作",或者说,用"写作"替代了"文学",其理由是:"既然批评家们用文学的名义谴责我,却又从来不说他们心目中的文学是什么东西,对他们最好的回答是不带偏见地审查写作艺术。"⑤ 按照逻辑,"既然批评家们用文学的名义谴责我","我"就应该用文学的名义予以回击,可是他却"不带偏见地"(从下文可以看出,其实充满了偏见)去审查写作艺

---

① 转引自米歇尔·维诺克:《法国知识分子的世纪·萨特时代》,孙桂荣、逸风译,南京:江苏教育出版社,2006年,第94页。
② 伏尔泰:《哲学词典》,王燕生译,北京:商务印书馆,1991年,第215页。
③ 彼得·威德森:《西方现代文学观念简史》,钱竞、张欣译,北京:北京大学出版社,2006年,第11页。
④ 雅克·朗西埃:《沉默的言语:论文学的矛盾》,臧小佳译,上海:华东师范大学出版社,2016年,第1页。
⑤ 萨特:《萨特文论选》,施康强选译,北京:人民文学出版社,1991年,第70页。

术,显然,他将一个本质主义的、形而上学的问题转变成了一个实践哲学的问题。这是萨特一贯的作风,即便再抽象的问题他都会将它和现实联系起来,并且落实到行动上。因此,萨特的哲学(文学是其中必要的组成部分)就是实践的哲学、行动的哲学。

将"文学"替换为"写作"尽管不合常规,却具有重要的理论价值。首先,它为人们解构文学埋下了伏笔。一些后现代思想家如巴尔特、德里达、克里斯蒂娃、索莱尔斯不是将文学视为形而上学之物,就是意识形态之物,虽然方法不一,但是他们针对文学展开了声势浩大的解构行动。其次,"写作"逐渐被确立为重要的诗学范畴。萨特之后,人们闭口不谈文学而强调写作。莫里斯·布朗肖说:"写作似是一种极端处境,它意味着一种彻底的逆转。"[①] 即在消除文学的神话之后,写作是一种"置之死地而后生"的东西。因为它和此前我们所认识的写作完全不同,所以需要重新考量。这就是以上这些人物为何要重新定义这一概念的原因所在。

在这些后现代思想家眼里,萨特似乎是一块"绊脚石",他们总想铲除它。弗朗索瓦·多斯在《从结构到解构:法国20世纪思想主潮》这部巨作开篇就说:"按照规则,在新英雄出场之前,总是要有人牺牲。因此,结构主义的粉墨登场需要有人献身,而不归之人则是战后知识分子的守护神让－保罗·萨特。"[②] 可事实上,他们又不得不一次次地回到萨特,因为在某些重要问题或理论上,萨特又成为了他们的源头,文学/写作就是其中之一。

[①] 莫里斯·布朗肖:《文学空间》,顾嘉琛译,北京:商务印书馆,2003年,第19页。

[②] 弗朗索瓦·多斯:《从结构到解构:法国20世纪思想主潮》(上卷),季广茂译,北京:中央编译出版社,2004年,第3页。

二、主张文学介入

  战后法国文坛弥漫着一股幻灭情绪，因为刚刚经历过战争，人们不仅感觉到身心疲惫，而且对以往所信靠的理性、正义、道德等观念产生了动摇。一些作家于是远离现实躲进象牙塔里建构他们心目中的文学。他们不再将文学视为现实生活的艺术而是心灵的艺术或者语言的艺术，皮埃尔—让·儒弗（Pierre—Jean Jouve）和帕特里斯·德·拉图尔迪潘（Patrice de la Tour du Pin）的诗歌、安德烈·皮耶尔·德·芒迪亚克（André Pieyre de Mandiargues）和鲍里斯·维昂（Boris Vian）的小说就是典型的例子。在某种意义上，他们接续了由马拉美、阿波利奈尔、瓦雷里等人所开创的法国纯文学的传统，试图将文学绝对化。

  萨特明显不满于这种纯文学的方法。他在《什么是文学？》中公开指责纯艺术和空虚的艺术实际上是一回事，美学纯洁主义不过是上世纪资产阶级漂亮的防卫措施而已，"他们煞费苦心的经营在我们眼里只是一个装饰品，一个为展开主题而构造的漂亮建筑物，与另一些建筑物，如巴赫的赋格曲和阿尔汉布拉宫的阿拉伯装饰图案一样没有实际用途"①。"既然我们主张作家应该把整个身心投入他的作品，不是使自己处于一种腐败的被动状态，陈列自己的恶习、不幸和弱点，而是把自己当作一个坚毅的意志，一种选择，当作生存这项总体事业——我们每个人都是这项事业——，那么我们就应该从头捡起这个问题，并且也应该自问：人

---

① 萨特：《萨特文论选》，施康强选译，北京：人民文学出版社，1991年，第108页。

们为什么写作？"① 针对这个问题，萨特所给出的答案是为了自由。

在《存在与虚无》（1943）中，萨特就强调人是自由的。这种自由不是人为选择的结果，而是命定的，"这意味着，除了自由本身以外，人们不可能在我的自由中找到别的限制，或者可以说，我们没有停止我们自由的自由"②。自由的命定性将我们每个人都确立为自由的主体。然而，萨特也强调尽管我们的自由是无限的，但绝不是抽象的。自由和人类所处的境况有着密不可分的关系，他举例说："我不能自由地逃避我的阶级、民族和我的家庭的命运，甚至不能确立我的权力和我的命运，也不能克服我的最无意义的欲念或习惯……"③，因此，在每种境况下，都有自由所必须应对的一些已经确定的事实。基于此，一些决定论者悲观失望，因为他们认为人类的所有行为都是无用的，尽管人看起来是自由的，可以自由地进行选择，实际上却受到各种境况的驱使。

为了回应这样的观点，萨特发表了著名演讲即《存在主义是一种人道主义》（1946）。在演讲中，他明确提出了存在主义哲学的第一原则——"存在先于本质"。意思是说，人的本质并不是先天给定的，而是人自由选择的结果。在萨特看来，"如果存在真是先于本质的话，人就要对自己是怎样的人负责。所以存在主义的第一个后果是使人人明白自己的本来面目，并且把自己存在的责任完全由自己担负起来。还有，当我们说人对自己负责时，我们并不是指他仅仅对自己的个性负责，而是对

---

① 萨特：《萨特文论选》，施康强选译，北京：人民文学出版社，1991年，第111页。
② 萨特：《存在与虚无》，陈宣良等译，北京：生活·读书·新知三联书店，2007年，第625页。
③ 萨特：《存在与虚无》，陈宣良等译，北京：生活·读书·新知三联书店，2007年，第585页。

所有人负责"①，这是最基本的人道主义。由此，萨特在将存在主义哲学转变为一种实践哲学的基础上又确立了另一维度，即道德或者伦理学的维度。

在实践哲学和伦理学的双重规约下，萨特将作家的写作界定为"介入"（engagement）。所谓介入，就是人对世界的解释、揭露或干预。人的存在，总是在世存在，人不可能外在于身边的世界。人身在其中的这个世界尽管总是异化的，每个人却承担着不可逃避的责任，作家当然也不能例外。萨特说："不管你是以什么方式来到文学界的，不管你曾经宣扬过什么观点，文学把你投入战斗；写作，这是某种要求自由的方式；一旦你开始写作，不管你愿意不愿意，你已经介入了。"②贝尔纳·亨利·列维是著名的萨特专家，他认为萨特有两种介入理论，一种是文学介入，一种是政治介入，"《什么是文学？》从来没有说文学应当为政治事业和政治斗争服务，从来没有期待文学产生为正义、真理和善良而斗争的诗歌和小说"③，他说这番话的目的是想撇清写作和政治的关系，将介入牢牢地限定在文学范围内，如此一来，萨特就显得纯洁了。贝尔纳·亨利·列维显然歪曲了萨特的意思，其实在该文中文学介入和政治介入是混在一起的，萨特不但要求作家要主动地介入文学，还应该通过文学积极地介入政治，在他看来，"文学并不是一首能够和一切政权都合得来

---

① 萨特：《存在主义是一种人道主义》，周煦良、汤永宽译，上海：上海译文出版社，2012年，第7—8页。

② 萨特：《萨特文论选》，施康强选译，北京：人民文学出版社，1991年，第136页。

③ 贝尔纳·亨利·列维：《萨特的世纪——哲学研究》，闫素伟译，北京：商务印书馆，2005年，第99页。

的无害的、随和的歌曲，它本身就提出了政治的问题"①。

"我想说，当一个作家努力以最清醒、最完善的方式意识到自己卷进去了，也就是说当他为自己、也为其他人把介入从自发、直接的阶段推向反思阶段时，他便是介入作家。"② 在创作中，为了照顾主题或者表达的目的，他可以放弃作品的形式，在这里并不是形式不重要，而是主题比形式更重要。这种功能主义的写作观同萨特的实践哲学和伦理学纠缠在一起，成了最显眼的部分，同时也是受到人们指责最多的部分。也正是在这个意义上，有学者认为萨特是法国左派的代表人物，一位意志坚定的马克思主义者，却也是逐渐成长起来的年轻一代的"眼中钉"。

三、对萨特的批判

萨特发表此文的时候，巴尔特在巴黎文坛尚属无名小辈，从未获得机会在主流刊物上发表作品。这篇文章之所以引起他的注意，主要是因为它已经酿成了"公共事件"，从报纸到刊物，许许多多的人都在议论它。"你是否愿意为我在《战斗报》所主持的版面写一些文章，比如关于米什莱？"③ 莫里斯·纳多（Maurice Nadeau）向巴尔特发出了邀请，因为他通过朋友知道巴尔特对米什莱很有研究。巴尔特欣然接受了邀请，几天后，他给纳多寄去了稿件，题目是《写作的零度》，不是研究米什莱

---

① 何林：《萨特：存在给自由带上镣铐》，沈阳：辽海出版社，1999年，第194页。
② 何林：《萨特：存在给自由带上镣铐》，沈阳：辽海出版社，1999年，第143页。
③ Louis—Jean Calvet. Roland Barthes: A Biography. trans. Sarah Wykes, Cambridge and Oxford: Polity Press, 1994, p. 78.

而是对萨特介入论的文学观所作出的回应。后来，他又相继写了几篇文章（《语法的责任》《资产阶级写作的胜利与断裂》《风格的艺匠》《写作和言语》《写作与沉默》《写作的悲剧感》）并且寄给了《战斗报》。1953年，经过一些适当的增删，巴尔特将这些文章结集出版，这就是文集《写作的零度》。

在巴尔特的著作中，这并不是一部成功的作品。"这部文集的结构方式有点啰唆，有拼凑的成分，不仅因为它把已经发表在别处的和从未发表的文章兼收并蓄，有六七年之久的时间跨度，更因为语言杂糅不一，交错重叠，不够融通。不同语体的交叠甚至屡屡表现出一种突兀的碰撞，而不是巴尔特式的'融汇'的形象。"① 所以，它出版之后并没有引起多大反响。后来，由于他在同索尔邦大学教授、著名的拉辛研究专家雷蒙·皮卡尔（Raymond Picard）的论战中声名鹊起，人们才重新发现了《写作的零度》，并将它奉若圭臬。

在这本书中，巴尔特提出了与萨特的"文学介入"截然不同的观点，那就是"零度写作"（也称"中性写作""白色写作"）。所谓零度写作，它有多个维度，以前我们总是混为一谈。首先，在姿态上，它要求作家在面对各种社会问题或矛盾时要学会冷静观察而不是主动发表自己的看法，不盲目地评价或者议论；其次，在写作中，要妥善处理好"在"（present）与"不在"（absent）即在场和缺席之间的辩证关系。在场就是在写作的现场，这是每个作者在提笔写作时必然会获得的状态；而缺席是一种理想的模式，它设想或者要求作者在写作时要完全切断自身与描述对象之间的联系，抹除自己，不发出任何属于自己的声音，包括情感，只让对象自行呈现。大家知道，写作是一种主观活动，只要由人

---

① 菲利普·罗歇：《罗兰·巴尔特传：一部传奇》，张祖建译，北京：中国人民大学出版社，2013年，第238页。

来写，这种状态就不可能彻底实现。正因为如此，巴尔特需要宣告"作者之死"，也正因为如此，零度写作具有乌托邦的性质；最后，在风格上，零度写作所追求的是一种平白的、冷峻的文风。巴尔特认为加缪的《局外人》是零度写作的范例，其实这部小说的主观色彩十分浓郁，那就是描述日常生活的荒诞，阿兰·罗伯-格里耶的小说倒是十分吻合，特别是他与《写作的零度》同年问世的作品《橡皮》。

萨特说："写作既是揭示世界又是把世界当作任务提供给读者的豪情。"[①] 为了揭示世界，作者不仅要担任目击者，还要担任判官，即将自己的主体意志强加给读者，"因此，在一切写作中我们将会发现对象的含混性，它既是语言也是强制作用：在写作中存在一种根本外在于语言的'氛围'，也似乎存在一种凝视的重量，它所传达的并不是语言学的意图。如在文学写作中表现出来的那样，这种凝视传达的是一种语言的激情；如在政治写作中表现的，也可能是一种惩罚的威胁。于是，写作的任务在于一下子将行为的现实性和目的的理想性结合起来。这就是为何权力以及权力遮护的阴影总是以一种价值学的写作宣告结束，在这种写作中，通常把事实和价值区分开来的距离在字里行间消失了，字词于是既呈现为描述又呈现为判断。字词成为了不在场的证词，即既在别处，又是在辩护"[②]。总而言之，写作不是为了写作自身而是为了写作之外的其他目的。这就是萨特所鼓吹的"文学介入"。

在语言学以及由福楼拜、马拉美、纪德等人开创的法国现代文学传统的影响下，巴尔特彻底割断了写作和外在现实之间的联系，将写作牢

[①] 萨特：《萨特文论选》，施康强选译，北京：人民文学出版社，1991年，第132页。

[②] Roland Barthes, Writing Degree Zero/Elements of Semiology, trans. Annette Lavers and Colin Smith, London: Jonathan Cape Ltd., 1967, p. 20.

牢地限定在语言范围内。巴尔特说:"语言涵括了整个文学创作,差不多就像地与天以及它们的交界线那样,为人类构成了某种熟悉的栖息地。与其称它为一个材料的储存所,不如说像一条地平线,它既暗含了边界,又包括某种视角。简而言之,它是一片安排有序的、令人舒适的土地。"① 在这片"土地"上劳作,不需要考虑其他事物,只需摆弄语言,让词与词、句子与句子、段落与段落、文本与文本之间发生关联。巴尔特之所以称福楼拜、马拉美等人为"作家-艺匠",就是因为他们的写作非常接近这一类型。在《文学空间》中,莫里斯·布朗肖评价马拉美的创作时说:"诗歌的话语不再仅对立于一般的语言,而且也有别于思想的语言。在这种话语中,我们不再重返世间,也不再重返作为居所的世间和作为目的的世间。在这种话语中,世间在退却,目的已全无;在这种话语中,世间保持沉默;人在自身各种操劳、图谋和活动中最终不再是那种说话的东西。在诗歌的话语中表达了人保持沉默这个事实。"② 巴尔特认为这就是一种纯洁的写作,是完全剔除了传统手法的"白色的文学"。在马拉美的作品中,"这些词语与其说像一套密码,不如说像一束亮光、一片空白、一种谋杀、一种自由"③。

在萨特的文学观中,语言总是被(作家的、阶级的、政党的或社会的)专断的意识形态所利用;而在巴尔特的文学观中,语言是纯洁的,或者说他总是在极力追求语言的纯等式的状态——语言就是语言自身。如果这种状态真的能够实现的话,那么写作也就变成了一门纯粹的艺术,

---

① Roland Barthes. Writing Degree Zero/Elements of Semiology. trans. Annette Lavers and Colin Smith. London: Jonathan Cape Ltd., 1967, p. 9.

② 莫里斯·布朗肖:《文学空间》,顾嘉琛译,北京:商务印书馆,2003年,第23页。

③ Roland Barthes. Writing Degree Zero/Elements of Semiology. trans. Annette Lavers and Colin Smith. London: Jonathan Cape Ltd., 1967, p. 76.

作家也就无需说谎，从此成为一个诚实可靠的人。然而，问题是这种状态真的能够实现吗？巴尔特清醒地意识到，"没有什么比一种白色的写作更不真实的了"①，理由很简单，任何语言一经使用必然会受到意识形态的污染。所以，《写作的零度》所建构的只是一种理想的写作模式，整个著作始终笼罩着乌托邦的性质。用一种永远不可能达成的写作方式来质疑或者批判萨特，其力度是可想而知的。

四、"零度写作"的追溯

"正如一些评论家所指出的那样，《写作的零度》是对萨特《什么是文学?》(1947) 所作出的反应。"② 但是，这种反应并不是刻意为之，而是机缘巧合。换句话说，巴尔特写作《写作的零度》的目的并不完全是为了批判萨特，而是其思想发展的必然结果，只是萨特的这篇文章出来以后，为《写作的零度》的诞生提供了机缘，或者说促成了它的成型。接下来，我们不妨从发生学的角度讨论"零度写作"这一概念出台的背景。

在前文中，我们已经讨论过巴尔特对作品形式的关注。1944 年，巴尔特在《生存》(*Existence*) 杂志上又发表了另一篇文章，即《关于〈局外人〉风格的思考》。仅从标题就可以看出，巴尔特关注的仍然是作品的形式。不过和上一篇文章即《论纪德和他的〈日记〉》相比，该文讨论

---

① Roland Barthes. Writing Degree Zero/Elements of Semiology. trans. Annette Lavers and Colin Smith. London: Jonathan Cape Ltd., 1967, p. 78.

② Michael Moriarty. Roland Barthes. Cambridge and Oxford: Polity Press, 1991, p. 31.

的问题更加具体，即以"风格"为核心。文章一开头，巴尔特就说："一篇好的文章就像海水一样，它的颜色来自海底向海面投射的光芒。正因为这样，我们才要徜徉其中，而不是悬在空中或者探入深渊。可以允许文章的思想高于或者低于文字，这种强烈的摇摆是理解文章的障碍，不过词句应该是美的。有时不去深究其中的意义，仅沉湎于词句的温和舒适也不错。确切地说，《局外人》的风格有点像海水的性质：这是一种中性的物质，不过一味的单调让人晕眩，有时光线穿过海水，尤其会显现出海底的沉沙，它把这种风格（海水）和着色剂（光芒）联系起来。如果这些沙被带到《西绪弗斯神话》耀眼的白光里，这些沙就会显现出坚硬的水晶石般的形态。所以，《局外人》是内容投射到形式上的奇妙风格的典型范例。"① 这段话有两层含义：第一，作品的形式往往比内容更加重要；第二，《局外人》呈现出了一种中性的风格。因为此时巴尔特还没有接触到叶姆斯列夫和布龙达尔的语言学著作，所以并不是在理论的层面使用"中性"（neuter）概念，而是借用了萨特的术语——"沉默"。萨特说："《局外人》的第一部完全可以如最近出版的一本书一样，题为《译自沉默》。……我最初是在儒勒·勒那尔那里发现这一病症的征兆的。我称之为'沉默的迷恋症'。"② 据路易－让·卡尔韦考证，巴尔特在写这篇文章之前不仅阅读过萨特的《〈局外人〉诠释》（1942），而且深受它的影响，所以他在文章结尾写道："无须过分强调这部作品的重要性，一种新的风格出现了，沉默的风格或风格的沉默，此时作家的声音——远离了各种哀叹、亵渎和圣歌——是一种白色的声音，唯有这种声音才切

---

① Roland Barthes. Œuvres completes, Tome I, 1942—1965. éd. Éric Marty. Paris：Seuil，1993，p. 60.
② 萨特：《萨特文论选》，施康强选译，北京：人民文学出版社，1991年，第64页。

合我们无可挽救的时代处境。"①

在巴尔特的作品中,《关于〈局外人〉风格的思考》非常重要,因为在这篇文章里我们已经看到了《写作的零度》的萌芽。这里所提出的"沉默的风格或风格的沉默"不就是后来的"零度写作"吗?巴尔特晚年在回顾这段经历时说:"在疗养期间,我给学生杂志《生存》写过几篇文章,特别是不久前问世的小说——加缪的《局外人》。我在文章中首次有了'白色写作'的想法,也就是,'零度写作'的想法。"② 1946年2月,当他彻底康复回到巴黎之后,阅读了大量的语言学著作,其中包括哥本哈根学派著名语言学家布龙达尔的作品。"我的零度概念就是从布龙达尔那里来的。"③ 这个概念的发现不但赋予了他诗学灵感,更为重要的是,使他迅速地完成了从文学批评向文艺理论的转换。这也就是说,巴尔特《写作的零度》一书中的核心观念在萨特发表《什么是文学?》之前就已经形成了。对于这位理论界的新手来说,他需要的只是一次展现自己的机会,而萨特无意中成全了他。

五、小结

一个强者促使另一个强者的成长,这是美国当代著名文艺理论家哈罗德·布鲁姆(Harold Bloom)在《影响的焦虑》中所提出的观点。然

---

① Roland Barthes. Œuvres completes, Tome I, 1942—1965. éd. Éric Marty. Paris: Seuil, 1993, p. 63.
② Roland Barthes. Œuvres completes, Tome II, 1966—1973. éd. Éric Marty. Paris: Seuil, 1994, p. 1315.
③ Roland Barthes. Œuvres completes, Tome II, 1966—1973. éd. Éric Marty. Paris: Seuil, 1994, p. 1315.

而，当萨特将文学同实践哲学和社会伦理学关联起来并且把它变成意识形态的工具时，巴尔特果断地切断了文学同社会现实的联系，将它牢牢地限定在语言的范围内，变成纯粹的语言实践，这就是"零度写作"或者"中性写作"。如果说萨特所构建的是一种社会文学，那么巴尔特所创设的就是个体写作，这种写作不仅能够摆脱道德的负累，还可以清除隐藏在语言中的意识形态，和前者相比，它无疑更加自由。如果说萨特的"文学介入"是一种行动的学说，那么巴尔特的"零度写作"则是一种理想的期待，因为它具有浓郁的乌托邦色彩。这就是他们之间的理论分歧。

不过，在《写作的零度》中，巴尔特并不完全是在反对萨特，他其实有更大的诗学野心，那就是以现代语言学为模型来创建一种科学的写作理论。因为早在数年前，列维－斯特劳斯在《语言学和人类学中的结构分析》（1945）一文中就已经指出，"语言学大概是唯一的一门能够以科学自称的社会科学；只有语言学做到了两者兼备：既有一套实证的方法，又了解交给它分析的那些现象的性质"①。所以，在《写作的零度》开篇，巴尔特就搭建了一个结构主义的框架：语言的组合轴和风格的聚合轴，随后便将各种类型的写作统统置入这一框架展开分析和讨论。但是由于他对这种方法还不太娴熟，所以并未剔除历史学和心理学的残余。到了五六十年代，特别是在《论拉辛》（1963）和《叙事结构分析导论》（1966）中，巴尔特的结构主义方法就日益成熟起来。

如果我们将《写作的零度》仅仅看作一部结构主义或前结构主义的作品其实并不确切，因为在这本书中也同样埋下了后结构主义的种子。首先，"零度"或"中性"这个概念本身指的就是两个对立项次之间的第三项，它不是对前面两者的折中或者综合，而是一个纯粹的差异项，巴

---

① 克劳德·列维－斯特劳斯：《结构人类学》，张祖建译，北京：中国人民大学出版社，2006年，第30页。

尔特后来将它引申为"破坏聚合关系之物"①；其次，巴尔特运用写作来取代文学不仅仅是为了获得写作的自由，更重要的是为了瓦解隐藏在语言中的意识形态以及超越性的维度，即各种形而上学；最后是对意义的消解，所有这些都是后结构主义的理论特征。所以我们说，在巴尔特的理论中，结构主义和后结构主义并不是泾渭分明的两个阶段，而是相互混杂的。

---

① Roland Barthes. The Neutral. trans. Rosalind E. Krauss and Denis Hollier. New York: Columbia University Press, 2005.

"中性"作为理论的辐辏

> 中性,中性,这在我听来多么陌异。
>
> ——莫里斯·布朗肖:《无尽的谈话》

20 世纪五六十年代,法国理论界气氛空前活跃。亚历山大·科耶夫、乔治·冈奎汉姆、伊曼纽尔·列维纳斯、让·伊波利特等老一辈理论家们正逐渐退出历史舞台,而路易·阿尔都塞、克劳德·列维-斯特劳斯、雅克·拉康、雅克·德里达、米歇尔·福柯、罗兰·巴尔特、吕西安·戈德曼、A. J. 格雷马斯等逐渐取代了他们的位置,并且成为中流砥柱。这些年轻的理论家们展示了一种既执着而又叛逆的性格,他们以各自的方式僭越传统,进行创造。在较短的时间内,结构人类学、结构语义学、结构主义的马克思主义、精神分析学、符号学、叙事学等不断涌现,这些纷繁复杂的理论形态让人看得简直眼花缭乱。

作为他们中的一员,巴尔特也拥有自己独特的方法论,这就是"中性"。在法兰西学院的研讨班上,他说得非常明确:"思考中性,对于我而言,它作为一种方法——一种自由的方法——目的就是为了在时代的竞争中树立我自己的风格。"① 从他的首部著作《写作的零度》开始，一直到晚期研讨班，巴尔特从未放弃对"中性"的思考，这一概念几乎贯穿了他的所有著作。所以，巴尔特认为自己的美学也可以概括为"中性之欲"（the desire for the neutral），即对于"中性"的欲望。那么，究竟何谓"中性"？巴尔特又是怎样将它确立为自己的方法论？它在巴尔特的著作中又有何表现？等等，这些问题对于阐明"中性"的内涵非常重要。

一、"中性"作为方法

巴尔特的"中性"概念来源于结构语言学，确切地说，来源于结构语言学中的音位学。

在《普通语言学教程》中，索绪尔曾教导我们：一个词的重要之处并不是它的语音而是语音之间的差异，语音之间的差异能够使一个词和其他的词区分开来，并且拥有自身的价值。如英语中的 bed（"床"）和 bad（"坏的"），bud（"蓓蕾"）和 bid（"投标"），这些词之所以拥有不同的含义，是因为它们在语音上的对立造成的，因而我们说是语音区分了词义。为简便起见，索绪尔将语音之间的对立概括为 a/b。作为能指，a 和 b 都不是简单的项，两者都产生于某种特殊的关系。在思维活动中，人的意识所达到的也永远是 a 和 b 的差异，而不是单纯的 a 或 b。习惯上，我们将此对立称为"聚合关系"或者"二项对立"（the ordinary opposition）。

作为他的后继者，雅柯布森也基本上是在二元论的框架下来思考音

---

① Roland Barthes, The Neutral, trans. Rosalind E. Krauss and Denis Hollier, New York: Columbia University Press, 2005, p. 8.

位的问题。他说:"一个音位的相关关系是由共同的原则确定的一系列两分的对立组成的,它能够独立于每一对对立而起作用。"① 比如在英语中,爆破音［p］和［b］,［t］和［d］,［k］和［g］;摩擦音［f］和［v］,［θ］和［ð］,等等。这些对立项总是以特殊方式联系在一起,只要一方出现,另一方即便不出现,我们也会快速地联想到它,就像由白联想到黑,由美联想到丑。雅柯布森和莫里斯·霍尔(Morris Halle)在《语言的基本原理》中认为二项对立不仅是语言结构中最自然、经济的法则,而且也是儿童学习语言"最初的逻辑活动"②。

然而,流亡捷克的俄裔语言学家特鲁别茨科伊(N. S. Trubetzkoy)在音位学研究中却发现了一种比较奇特的现象——"音位中和"(phonemic neutralization),即在不同的音位系统中,一些特殊音位上的对立会突然消失。他在《音位学原理》中将音位相关的对立位置叫做相关位置,发生中和的位置叫做中和位置。前者无论如何,在所有音位上都具有区别力;后者仅在某些音位上具有区别力,而在某些位置上就被中和了。例如德语中,双唇音［d］和［t］在词末位置上发生中和;英语中,爆破音［p］和［b］、［k］和［g］在清辅音［s］后发生中和;在保加利亚方言和现代希腊语中,［u］和［o］以及［i］和［e］的对立在非重读音节中发生中和。③ 中和现象的发现对于索绪尔和雅柯布森的结构语言学影响巨大,它导致了人们对二元论思维模式的质疑。因为既然二项对立是音位区分的基本准则,并且被语言学家视为科学的思维方法,那么它

---

① 转引自伊·克拉姆斯基:《音位学概论》,李振麟等译,上海:上海译文出版社,1993年,第73页。

② 转引自特伦斯·霍克斯:《结构主义和符号学》,瞿铁鹏译,上海:上海译文出版社,1987年,第15页。

③ N. S. Trubetzkoy. Principles of Phonology. trans. Christiane A. M. Baltaxe. Berkeley and Los Angeles: University of California Press,1969,p. 240.

就应该具有普遍的适应性,可事实并非如此。所以,在《语音变化的机制》一书中,马丁内(André Martinet)对这种二元论的音位学进行了非常详细的讨论,他发现音位系统中绝大多数对立都是二元的,但也存在一些例外情况。这就表明,索绪尔的二元论并不是"放之四海而皆准"。

叶姆斯列夫(Louis Hjelmslev)和布龙达尔(Viggo Brøndal)是丹麦哥本哈根学派著名的语言学家。为了弥补索绪尔和雅柯布森在音位学理论上的缺陷,他们在特鲁别茨科伊科学发现的基础上,对音位关系作了进一步概括,他们认为索绪尔的表达式应该调整为:a/b,a+b,既非a也非b。意思是:如果a和b是存在对立关系的两项,那么a和b之间既可能完全对立(a/b),也可能存在中和(既非a也非b)以及更为复杂的操作(a+b)。在《语言理论导论》中,叶姆斯列夫就举了这样的例子,丹麦语音节尾部的[p]和[b]发生中和,然而当它们处在音节首音位置时,中和关系即刻终止。[①] 后来,布龙达尔还将这一音位模式类推到语符学领域,他将有标记的项用"正"(+)表示,而无标记的项用"负"(-)表示,按照以上调整之后的表达式,在这两个对立的项次之间还可以插入一个第三项,这个新增的项次既可以是"中性",也可以是"复合",由此就有了这样两种理论模型:1)正 vs 中性 vs 负;2)正 vs 复合 vs 负。[②] 这两种理论模型不但打破了索绪尔的二元逻辑,更赋予了刚刚登上历史舞台的理论家们新的灵感。

A. J. 格雷马斯就直接将叶姆斯列夫和布龙达尔的理论挪用到自己的结构主义语义学中,创建了符号学矩阵,并且将它运用于叙事性作品

[①] 参见路易斯·叶姆斯列夫:《叶姆斯列夫语符学文集》,程琪龙译,长沙:湖南教育出版社,2006年,第56—57页。

[②] 参见A. J. 格雷马斯:《结构语义学》,蒋梓骅译,天津:百花文艺出版社,2001年,第30页。

的分析。在这方面，格雷马斯是否启发了巴尔特无确切资料可考，但是可以肯定，巴尔特也正是从叶姆斯列夫和布龙达尔那里汲取了理论资源，他的"中性"概念就来源于这两位丹麦籍的语言学家。当然，特鲁别茨科伊作为这一概念的缔造者，他的重要性也不可小觑，巴尔特在《符号学原理》中就一再提到他。正是在这些语言学家的影响下，他获得了理论灵感，并且创造性地将"中性"发展为自己的方法论。

巴尔特为何要挪用这一概念呢？这和他的语言学发现有着密切关联。在语言研究的过程中，巴尔特发现意义的生成主要源于聚合关系。凡是有聚合关系的地方，就会产生意义；反之亦然，凡是有意义的地方，就必然存在聚合关系。如"美"之所以为"美"就是因为它不是"丑"，"白"之所以为"白"就是因为它不是"黑"，美（是）/丑（否）、白（是）/黑（否）这样的逻辑遍布在整个语言结构之中。这也就是说，整个语言结构都是建立在二元论的基础之上。然而，二元论并不是一种平等的机制，而是一种价值逻辑，德里达在《多重立场》中称之为"强暴的等级制"[①]，即在两个对立的项次中，不是一个简单地映衬着另一个，而是一个支配着另一个，并且拥有高高在上的权威。比如在我们刚举的例子"美/丑""白/黑"这样的对立中，我们总是习惯肯定前项而否定后项，认为前者"好"而后者"坏"，前者"优"而后者"劣"。由此，巴尔特得出结论："作为语言结构之运用的语言，既不是反动的，也不是进步的，它简直就是法西斯主义的。"[②] 这句话可以这样解释，即语言结构就是权力或者意识形态的产物。因为话语以及文本都建立在语言结构的

---

① 雅克·德里达：《多重立场》，佘碧平译，北京：生活·读书·新知三联书店，2006 年，第 48 页。

② Roland Barthes. A Barthes Reader. ed. Susan Sontag. London：Jonathan Cape Ltd，1982，p. 461.

基础上，当语言结构变成了权力或者意识形态寄生的温床，那么话语和文本自然也概莫能外。如何瓦解隐藏在文本和话语中的权力或意识形态呢？巴尔特认为，若想釜底抽薪，还得从破坏语言结构入手。所以，他从叶姆斯列夫和布龙达尔的语言学中挪用了"中性"概念，并将它定义为"破坏聚合关系之物"[1]。具体而言，就是在两个对立的项次之间插入一个第三项，由于这个新增的项次既不是对前两者的综合或者中和，而是一个纯粹的差异项，所以它的介入不仅能够破坏原有的聚合关系，而且能够消解语义，并使符号成为纯粹的能指。这一方法确立之后，巴尔特迅速将它拓展到文学写作、性别、生存等领域，在他看来，这是"一场热情洋溢的、激情似火的活动"[2]。

二、中性写作

1945年，萨特在《现代》杂志创刊号上发表了著名的社论《争取倾向性文学》，主张文学应当介入社会生活，反对"为艺术而艺术"的纯文学态度，号召作家们要积极团结起来，努力对当前各种政治和社会事务表态。社论发表后，立即招致了严厉的批评。纪德就是激烈的反对者之一，他指责萨特所提倡的是"斗争的文学"。《法兰西文学》的创办者让·波朗也批评他说："文学家不是法官，各人有各人的责任，各人有各

---

[1] Roland Barthes. The Neutral. trans. Rosalind E. Krauss and Denis Hollier. New York: Columbia University Press, 2005, p. 6.
[2] Roland Barthes. The Neutral. trans. Rosalind E. Krauss and Denis Hollier. New York: Columbia University Press, 2005, p. 7.

人的位置。"① 为了回应各种责难，萨特很快又写了另一篇文章《什么是文学?》。从1947年2月起，该文共分六期连载于《现代》杂志。在这篇旁征博引的文章中，萨特深入阐释了自己的文学主张。

他首先把诗和散文进行了区分，认为要求诗人和散文作者一样介入是愚不可及的，因为诗人一旦把自己的激情浇铸在诗篇里他就再也不认识他了，他完全沉浸在这个微观的宇宙而忘记了外面世界的存在，越是真正的诗人就越会如此。而散文则完全不一样，它在本质上是功利性的，散文作者被定义为使用词语的人，他指定、证明、命令、拒绝、质问、请求、辱骂、说服、暗示，等等。在他们笔下，"如同勃里斯—帕兰说的那样，词是'上了子弹的手枪'。如果他说话，他等于在射击。他可以沉默不语，但是既然他选择了射击，他就应该像个男子汉，瞄准目标，而不是像小孩那样闭上眼睛乱开枪，满足于听响声取乐"②。由此，萨特对法国历史悠久的纯文学创作提出了批判，在他看来，"他们煞费苦心的经营在我们眼里只是一个装饰品，一个为展开主题而构造的漂亮建筑物，与另一些建筑物，如巴赫的赋格曲和阿尔汉布拉宫的阿拉伯装饰图案一样没有实际用途"③。

对于散文作者来说，为什么要写作呢？写作的目的就是要捍卫人的自由。在萨特看来，没有什么比自由更重要的了。以下这段文字说得更加明确："散文艺术与民主制度休戚相关，只有在民主制度下散文才保有一个意义。当一方受到威胁的时候，另一方也不能幸免。用笔杆子来保

---

① 转引自米歇尔·维诺克：《法国知识分子的世纪·萨特时代》，孙桂荣、逸风译，南京：江苏教育出版社，2006年，第94页。
② 萨特：《萨特文论选》，施康强选译，北京：人民文学出版社，1991年，第103页。
③ 萨特：《萨特文论选》，施康强选译，北京：人民文学出版社，1991年，第108页。

卫它们还不够，有朝一日笔杆子被迫搁置，那个时候作家就有必要拿起武器。因此，不管你是以什么方式来到文学界的，不管你曾经宣扬过什么观点，文学把你投入战斗；写作，这是某种要求自由的方式；一旦你开始写作，不管你愿意不愿意，你已经介入了。"① 贝尔纳·亨利·列维（Bernard－Henri Lévy）在《萨特的世纪——哲学研究》中曾将萨特的"介入"划分为两类：一是文学介入，一是政治介入，"《什么是文学？》从来没有说文学应当为政治事业和政治斗争服务，从来没有期待文学产生为正义、真理和善良而斗争的诗歌和小说"②，他说这番话的目的是想撇清写作和政治的关系，将介入牢牢地限定在文学的范围内，如此一来，萨特就显得纯洁了。贝尔纳·亨利·列维显然歪曲了萨特的意思，其实在该文中文学介入和政治介入是混在一起的，萨特不但要求作家要主动介入文学，还应该通过文学积极介入政治，在他看来，"文学并不是一首能够和一切政权都合得来的无害的、随和的歌曲，它本身就提出了政治的问题"③。

"正如一些评论家所指出的那样，《写作的零度》是对萨特《什么是文学？》（1947）所作出的反应。"④ 在《写作的零度》中，巴尔特显然不满于萨特所提出的介入论的文学，因为它要求作者不仅要担任政治或者社会事件的目击者，还要担任判官，即将自己的主体意志强加给读者，"因此，在一切写作中我们将会发现对象的含混性，它既是语言也是强制

---

① 萨特：《萨特文论选》，施康强选译，北京：人民文学出版社，1991年，第135—136页。

② 贝尔纳·亨利·列维：《萨特的世纪——哲学研究》，闫素伟译，北京：商务印书馆，2005年，第99页。

③ 何林：《萨特：存在给自由带上镣铐》，沈阳：辽海出版社，1999年，第194页。

④ Michael Moriarty. Roland Barthes. Cambridge and Oxford. Polity Press, 1991, p. 31.

作用：在写作中存在一种根本外在于语言的'氛围'，也似乎存在一种凝视的重量，它所传达的并不是语言学的意图。如在文学写作中表现出来的那样，这种凝视传达的是一种语言的激情；如在政治写作中表现的，也可能是一种惩罚的威胁。于是，写作的任务在于一下子将行为的现实性和目的的理想性结合起来。这就是为何权力以及权力遮护的阴影总是以一种价值学的写作宣告结束，在这种写作中，通常把事实和价值区分开来的距离在字里行间消失了，字词于是既呈现为描述又呈现为判断。字词成为了不在场的证词，即既在别处，又是在辩护"①。总而言之，这种写作不是为了写作自身而是为了写作之外的其他目的，这就是萨特所鼓吹的"文学介入"。巴尔特认为斯大林式的写作和马克思主义写作均属于这种类型。

在结构语言学以及由福楼拜、马拉美、普鲁斯特等人所开创的法国现代文学传统的影响下，巴尔特提出了一种新的写作类型，即"中性写作"，又名"零度写作"。它和萨特介入论的文学相比较而言，中性写作根本上是一种直陈式的写作，或者说是一种新闻报道式的写作，这种写作要求作家既置身于各种呼声和判决的环境里却又毫不介入其中，因此，它是一种纯洁的写作或者毫不动心的写作。这种写作既不充当意识形态的工具，同时又摆脱了道德的负累，所以它是自由的。以往我们注重的是作品的内容，而将形式或风格仅仅视为写作的次要因素。在《写作的零度》中，巴尔特彻底扭转了这样的关系，而将形式或风格置于整个写作的中心，因为中性写作非但不关心作品的意义甚至蓄意取消作品的意义。正是在这个层面上，菲利普·罗歇评价巴尔特不仅是一个"白色的写作"的诠释者，"在更深远的意义上，也是一位俳谐连歌的梦想者，

---

① Roland Barthes. Writing Degree Zero/Elements of Semiology. trans. Annette Lavers and Colin Smith. London: Jonathan Cape Ltd., 1967, p. 150.

'意义的豁免'的狂热信徒"①。在写作过程中，当我们不再需要过问作品的意义——特别是它的社会意义或现实意义——写作也就自然而然地转化为一种纯粹的语言行为。

巴尔特之所以推崇福楼拜、马拉美、普鲁斯特等人，甚至认为他们是"风格的艺匠"，主要是因为他从他们的实践中看到了希望，那就是对文学自身的关注。巴尔特认为过去数个世纪，法国作家虽然创作了一系列精美的作品，但是这些作品关注的并不是文学而是文学之外的其他事物。所以，与其称它们为"文学"，还不如称它们为"类文学"（para-littérature）。仅仅从福楼拜开始，人们才逐渐意识到文学自身的价值："它既是对象又是对对象的关注，既是言语又是对言语自身的表达，既是客观的文学又是元文学。"② 这句话有几层含义：其一，人们对文学的认识开始从"外在"转向"内在"，即将文学看成是一门纯粹的艺术，它所表达的不再是外在的现实，而是或者仅仅是其自身；其二，文学的载体是语言，所以它关注的对象也仅仅只是语言；其三，这样的文学可以称之为"客观的文学"（the objective literature）或者"元文学"（meta-literature）。当然，这一转换并不是瞬间完成的，而是经历了一个较长的过程："首先是文学创作所呈现的那种不辞辛劳、明知不可为而为之的手工艺匠般的意识（福楼拜）；随后，是将文学和文学理论融合到同一作品之中的可贵努力（马拉美）；接着，就是希望通过不断地推延文学来避免某种文学赘述，即宣告某人将要写作却又将这种宣告变成文学自身（普鲁斯特）；然后，通过蓄意的、系统的手法来丰富词语的含义而不是利用

---

① 菲利普·罗歇：《罗兰·巴尔特传：一个传奇》，张祖建译，北京：中国人民大学出版社，2013年，第256页。

② Roland Barthes, Writing Degree Zero/Elements of Semiology, trans. Annette Lavers and Colin Smith, London: Jonathan Cape Ltd, 1967, p.97.

它的所指来测试人们对于文学的忠诚（超现实主义者）；最后，反过来，削减这些意义，直到实现文学语言在此存在（Dasein）的状态，即某种写作的中性化（尽管并不是清白无辜的）：在这儿，我想到的是罗伯—格里耶的作品。"① 从福楼拜到马拉美，到普鲁斯特，再到超现实主义者，最后到罗伯—格里耶，他们所开创的是一种独特的文学传统，雅克·朗西埃（Jacques Rancière）在一本新书中将它概括为"沉默的文学"②，而巴尔特的"中性写作"就是这一传统的产物。

三、雌雄同体

在解释"中性"的含义时巴尔特举了一系列例子，譬如在词性上，中性词汇既非阳性，也非阴性；在植物学上，中性的花朵没有生殖器官，无法授粉；在动物学上，工蜂介于雄蜂和雌蜂之间，无法交配；在物理学上，中性的物质既不带电，也不导电；在化学上，有一种中性盐，它既非酸性亦非碱性。由此，巴尔特得出结论："中性的基础显然还是和性别（gender）有关。"③ 何种性别呢？那就是介于阳性和阴性、雄性和雌性之间的"第三性"，在《米什莱》中巴尔特又称之为"超性"④。当它从一般领域挪用到人身上，就是"雌雄同体"（Androgyne）。

---

① Roland Barthes. Critical Essays. trans. Richard Howard. Evanston: Northwestern University Press, 1972, pp. 97—98.
② 雅克·朗西埃：《沉默的言语》，臧小佳译，上海：华东师范大学出版社，2016年，第51页。
③ Roland Barthes. The Neutral. trans. Rosalind E. Krauss and Denis Hollier. New York: Columbia University Press, 2005, p. 8.
④ 罗兰·巴尔特：《米什莱》，张祖建译，北京：中国人民大学出版社，2008年，第173页。

因为巴尔特本人就是个女角的男同性恋者，在那本流传甚广的自传中他曾自喻为"H女神"（H是Homosexuality的首字母），所以他对这种"怪异"的性别充满迷恋，甚至认为这是世间存在的"最完美的性别"①。他崇拜作家米什莱（Jules Michelet），因为在米什莱的身上，他看到了两种性别的融合："米什莱本人既非男，亦非女，他只是一道目光；他接近女人的方式不要求有任何雄性特征。恰恰相反，出于某种遗传方面的禁忌，男性通常头一个被要求远离女人经血，米什莱因而竭力去掉自己的生殖器官；而且，既然这一来潮只在其他女人、女伴、母亲、姐妹或乳母那里才形成景观，米什莱于是把自己也变成女人、母亲、姐妹、乳母和妻子的女伴。为了以观众的身份而非拐骗者的身份制造女眷聚会的效果，老狮子穿上了罗裙，凭着一种地道的女子同性恋，含情脉脉地跻身于女人世界，他甚至认为婚姻不过是姐妹之间的事情。"②"米什莱注定要以知己而非劫掠者的身份接近女人。因此，他只能一身兼具男女两性。实际上，他把亦男亦女视为理想的性别，把女性化的男人视为完整的人。"③通过米什莱以及米什莱笔下的英雄人物，巴尔特得出了这样的结论："没有女人，便没有阳刚之气；然而，没有几粒雄性的火星，也绝不会有女中豪杰。才能的定义是：既是男人，也是女人。"④

在法兰西学院的研讨班上，他还从史学和民俗学的角度考察了人类原初的雌雄同体现象。《旧约·创世纪》第一章第24—27节，上帝在创

---

① Roland Barthes. The Neutral. trans. Rosalind E. Krauss and Denis Hollier. New York：Columbia University Press，2005，p.192.
② 罗兰·巴尔特：《米什莱》，张祖建译，北京：中国人民大学出版社，2008年，第142页。
③ 罗兰·巴尔特：《米什莱》，张祖建译，北京：中国人民大学出版社，2008年，第164页。
④ 罗兰·巴尔特：《米什莱》，张祖建译，北京：中国人民大学出版社，2008年，第167页。

造出牲畜、昆虫、野兽等各种活物之后，就照着自己的形象造男造女。巴尔特认为，既然上帝是照着自己的形象造男造女，那就表明上帝是雌雄同体的。《创世纪》第二章第18—25节上帝在造出了亚当之后，害怕他在伊甸园里孤单，又从他的身上取下一根肋骨造成了一个女人。由此可见，亚当作为人类的始祖，也是雌雄同体的。还有日耳曼人的神灵杜伊斯科（Tuisto）、埃及人的月神海尔梅斯（Hermes）、罗马人的神灵雅努斯（Janus），他们都是男儿面、女儿身。古斯塔夫·R. 霍克（Gustav René Hocke）是法国著名的人类学家，他指出，"在原始民族的巫术表象以及历史久远的民族那里，双性人是一个宇宙秩序的原型。自然的生命传奇般地聚合了雌雄两种元素"①。通过这些记载以及相关论述，巴尔特进一步强化了自己的观点，那就是："雌与雄的融合，因而也是对立面的结合，那是理想的完美性，简直完美无缺。"②

雌雄同体者，即中性之谓也。巴尔特之所以盛赞这种性别并非为自己辩护，而是为了消解传统的性别对立，即"非男即女""非女即男"的二元论思维，这种思维本身问题重重。其一，它将人的生理性别自然化为社会性别，片面强调两者的同一。其实，这是两个完全不同的概念，"不管生理性别在生物学上是如何不可撼动，社会性别是文化建构的"③，而不是与生俱来的，"即使我们暂时假定二元生理性别具有稳定性，也不能因此断定'男人'这个建构绝对是男性身体衍生的自然结果，或者

---

① Roland Barthes. The Neutral. trans. Rosalind E. Krauss and Denis Hollier. New York: Columbia University Press, 2005, p. 254.
② Roland Barthes. The Neutral. trans. Rosalind E. Krauss and Denis Hollier. New York: Columbia University Press, 2005, p. 192.
③ 朱迪斯·巴特勒：《性别麻烦》，宋素凤译，上海：上海三联书店，2009年，第8页。

'女人'只能体现女性身体"①。其二，这种性别建制是规范性的，福柯称之为"规范性的理想"②，可是对于男女之外的其他性别来说，它却是性别的囹圄。在编辑出版赫尔克林·巴尔宾（Herculine Barbin）的日记时，福柯揭露并批判了传统的性别管控策略，因为在身体上赫尔克林·巴尔宾是双性人或者我们俗称的"阴阳人"。可见，"跨性者"的存在已经成为不可忽略的社会事实，而他们显然不能被既定的性别框架所吸收。由此，巴尔特认为"性别对立不应该是一种自然法则；所以必须解除所有的对峙和聚合关系，从而使意义和性别变得多元化"③。

在《S/Z》中，巴尔特通过对巴尔扎克的小说《萨拉辛》的重写实施了他的解构策略。作品的主人公之一赞比内拉既不是男人，也不是女人，而是一位地地道道的阉歌手。"在语法上，何种性别适用于阉歌手？可能只有中性。"④ 在小说中，他/她通过身份的（即便是被动的）频频变换彻底搅乱了既定的性别秩序，使每一个与之接触的对象都产生了性别反转。于是，我们在朗蒂夫人、罗什菲尔德夫人身上看到了男人的质素，而在叙述者、萨拉辛、朗蒂伯爵以及他的儿子菲利波身上却看到了女人的质素。这种不合常规的变化就是僭越，而赞比内拉——这个"中性之物"——无疑是始作俑者，他促使这些人物迅速穿过了性别对立之墙，跨越到了性别的另一边。由此表明，（社会）性别并不是恒定不变的，而

---

① 朱迪斯·巴特勒：《性别麻烦》，宋素凤译，上海：上海三联书店，2009年，第8页。
② Michel. Foucault. The History of Sexuality. trans. Robert Hurley. New York：Pantheon Books，1978，p. 11.
③ Roland Barthes. Roland Barthes by Roland Barthes. trans. Richard Howard. Hampshire and London，Macmillan Press，1977，p. 69.
④ Roland Barthes. S/Z. trans. Richard Miller. New York. Hill and Wang，1974，p. 209.

是一种自由流动的表演。在观念上,巴尔特虽然还没有激进到像朱迪斯·巴特勒(Judith Butler)那样主张取消性别,但是他已经充分认识到性别的解放必须实现双重跨越,即性别对于因二元论而引起的政治的跨越以及性别之间的相互跨越。

四、个体生存的乌托邦

晚期巴尔特还将"中性"挪用到个体生存领域,并且通过对一些日常生活空间的再现和模拟,构建了个体生存的乌托邦,这便是《如何共同生活》的中心内容。

在这本书中,巴尔特首先从宗教史的角度描述了公元 3—4 世纪基督教隐士们的隐修生活,其中包括两种不同的体系:一是安东尼体系;一是帕科姆体系。安东尼(Antoine Le Grand)是古代英雄式的沙漠苦修者,早期修道运动的典范。埃及亚历山大城主教阿塔那修(Athanasius)在他死后搜集大量材料,撰写了《安东尼生平》。根据他的记载,安东尼本是一位年轻富有的庄园主,他后来在《福音书》的启示下散尽家财到卡拉尼斯沙漠隐居。那里不仅生活条件十分艰苦,而且时刻还要防范内心的魔障。20 年后,他离开沙漠,又隐入深山。当安东尼的事迹在民间传播开来后,立即引来了一批又一批的追随者。这些修士分散在他的周围,他们每个人都有自己的棚屋或者洞穴,彼此之间老死不相往来。帕科姆(Saint Pacôme)出生于一个异教家庭,年轻时曾服过兵役,参加过许多战斗,后来在神灵的感召之下加入基督教。和安东尼不同,帕科姆年轻时就立志为大众服务,当他皈依基督教后身边很快便聚集了一批志同道合者,并且创办了基督教历史上首座公共修道院。在他的修道院里,教士们按照严格的管理制度生活，在公共餐厅吃饭，于集体宿舍就寝，定时在教堂聚会，每个人都必须遵从教规，否则就会遭到严惩。

如果说安东尼体系的突出特征是个人苦修，那么帕科姆体系的突出特征就是聚集修道。巴尔特在分析这两种体系时认为它们都是极端的隐修方式。前者虽然能够使每个个体摆脱权力的干预，可以自由安排自己的生活，但是它最大的问题是自我禁闭以及由此产生的心理孤独。在安东尼体系中，每个人都是无助的，不仅在生活上，而且在心理上。相比较而言，后者更不值得推广，因为在帕科姆体系中每个人都会受到权力的驱使，被迫遵从各种清规戒律。可是当这两种方式均被否定之后，个体该如何共同生活呢？

巴尔特在阅读法国作家雅克·拉卡里埃（Jacques Lacarrière）的作品《希腊之夏》时发现有一种特别值得推介的生活方式。那就是公元10世纪前后，在位于希腊北部的阿索斯山上除了建有一些聚集修道的修道院外，还有一些个人节奏性的修道院。在这些个人节奏性的修道院里，每个教士都有自己独立的空间，除了一些特殊的宗教节日需要聚集在一起之外，他们平时都可以在自己的住处祈祷、诵经、用餐、歇息，甚至还可以保留许愿前的财产。当他们感到孤寂的时候，还可以相互串门，集体讨论。巴尔特将他们所表征的生活方式概括为阿索斯山体系，该体系最大的特征就是个人节奏性。所谓"个人节奏性"（idiorrythmie），就是在群体生活中每个人又可以完全按照自己的意愿和节奏生活。和安东尼体系相比，它在保证每个人的独立性的同时，又免除了内心的孤寂；和帕科姆体系相比，它又避免了各种教规或者权力对日常生活的干预。所以，在巴尔特看来，在这两种极端的隐修方式之间，阿索斯山体系是一种中性的体系，同时也是一种田园诗般的形式。

在将视角从宗教领域扩展到世俗世界的情况下，巴尔特并没有直接去讨论日常生活，而是选择了"故事模拟"（novelistic simulations）的方式，即利用纪德的《普瓦捷被非法监禁的女人》、笛福（Daniel Defoe）的《鲁滨逊漂流记》、帕拉德（Palladius）的《修道院的故事》等经典作品来谈。为何要这样做？这和《如何共同生活》一书的主题有密切关系。在该书中，巴尔特想探寻的是一种中性的生活方式，即个人节奏性生活的乌托邦。在西方思想史上，柏拉图、培根、康帕内拉、赫胥黎、傅立叶等人虽然设计了形形色色的乌托邦，但是巴尔特认为他们所构建的乌托邦都是社会性的，目的在于创造一种理想的社会组织，即有效的权力管控方式，而他所构想的个人节奏性生活的乌托邦最根本的目的就在于让个体彻底摆脱权力的束缚。

然而，大家知道，权力无所不在，"它不只是出现在国家、阶级、集团里，甚至出现在时尚、公众舆论、娱乐、运动、新闻、家庭和私人关系中，甚至还出现在企图对抗它的各种形式的解放活动中"[1]。福柯说："权力不是一种制度，不是一种结构，也不是某些人生来就拥有的某种力量，它是大家在既定的社会中给予一个复杂的策略性处境的名称。"[2] 只要存在人际关系，权力就会被源源不断地生产出来。巴尔特知道自己的构想在日常生活中根本不可能实现，所以将目光转向了文学。在巴尔特看来，"唯有书面形式才能够表达这种——如果你乐意，也可以称之为——假想行为。只有写作可以汇集这种极端的主观性，因为在写作中表达的间接性与主体的真理能够产生协调"[3]。因此，无论巴尔特在该书

---

[1] Roland Barthes. A Barthes Reader. ed. Susan Sontag. London: Jonathan Cape Ltd., 1982, p. 459.

[2] Michel. Foucault. The History of Sexuality. trans. Robert Hurley. New York: Pantheon Books, 1978, p. 93.

[3] Roland Barthes. How to Live Together. trans. Kate Briggs. New York: Columbia University Press, 2013, p. 131.

中采用何种方式展开，符号学的或者百科全书式的，都改变不了它本身的乌托邦性质。

五、小结

和同时代的思想家相比，巴尔特带有浓厚的文人气息。在自传里，他在回顾自己的工作时并没有把自己视为符号学家或者哲学家，而是一名作家。苏珊·桑塔格在为《巴尔特读本》撰写的序言中说："就其精华而论，他一生活动的领域仍然是文学。"[1] 对文学的痴迷，使他的写作甚至包括理论建构都具有假想的性质。不过，我们并不能因此而否定他作为一个理论家、思想家的价值。

"他总是不停地写作，总是全神贯注，热情洋溢而又不知疲倦。这种令人晕眩的创造似乎并不是巴尔特作为一位有识之士、作为一个作家的关键所在。其中，似乎包含着一种近乎立场的东西——这好像是一切批判性话语所必须拥有的。"[2] 那就是对意识形态或者权力的反抗。从《写作的零度》开始，一直到他的晚期研讨班，巴尔特从未放弃这一基本立场，而"中性"就是他展开批判的理论武器，在他卷帙浩繁的作品中，我们都可以窥见"中性"的踪迹。

然而，由于这一理论本身的缺陷：在面对彼此对立的矛盾冲突时采取"非此非彼"的态度，实际上并不能真正解决矛盾，而是避开冲突。

---

[1] Roland Barthes. A Barthes Reader. ed. Susan Sontag. London: Jonathan Cape Ltd., 1982, p. viii.

[2] Roland Barthes. A Barthes Reader. ed. Susan Sontag. London: Jonathan Cape Ltd., 1982, p. viii.

所以，德里达在《多重立场》中指责巴尔特说："如果人们迅速进行中和活动，但在实践中却留下了先前未被触及的领域，没有抓住先前的对立，那么就会失去任何有效地干预该领域的手段。我们知道什么是直接跳过对立和用既非这个又非那个的简单形式进行抗争的实际结果（特别是政治结果）。"① 它必然导致思想上的妥协以及行动上的软弱。后来，当巴尔特将"中性"和古代怀疑论以及东方的禅道哲学结合起来以后，其思想解构的锋芒也就日渐黯淡了。在"左派"的阵营中，他逐渐蜕变为一个寂静主义者。

---

① 雅克·德里达：《多重立场》，佘碧平译，北京：生活·读书·新知三联书店，2006年，第48页。

通过身体思考

> 事实上,我想,所有那些乌托邦,正是通过反对这个身体(仿佛是要抹掉它),才开始形成的。
>
> ——米歇尔·福柯:《福柯文选 I:声名狼藉者的生活》

20 世纪 60 年代,法国理论界刮起了尼采主义的风暴。吉尔·德勒兹、米歇尔·福柯、雅克·德里达等新一代的思想家们逐步摆脱"语言的牢笼"(弗里德里克·詹姆逊语),摇身一变,成了尼采主义的信徒。在宣布"上帝死了"之后,尼采将人的赤裸而肉欲的身体摆在哲学的中心位置,他说:"要以肉体为准绳。——假如'灵魂'是一种吸引人的和神秘的思想,那么哲学家们当然有理由同它难分难解——而今,哲学家们学着把它放在恰如其分的位置上,因而它变得愈发诱人了,更加神秘莫测了。这就是人的肉体,一切有机生命发展的最遥远和最切近的过去靠了它又恢复了生机,变得有血有肉。一条没有边际、悄无声息的水流,似乎流经它、越过它、奔突而去。因为,肉体乃是比陈旧的'灵魂'更令人惊异的思想。"① 通过阅读尼采的著作,这些年轻的思想家们学会了"通过身体思考"②。对他们来说,身体不再是历史深处的魅影,而是一条在惊厥中发现的便道。

活跃在巴黎知识圈子里的一些先锋团体对身体开始形成共识,其中最著名的莫过于"太凯尔"(Tel Quel)。巴尔特说他那些太凯尔的朋友之所以不同凡响,就是因为他们每个人都是通过身体来言说一种共同的、整一的、无形的语言,尤其是政治性的话语。然而,吊诡的是,他自己并没有亦步亦趋,而是机智地选择了一条个性化的道路,其中缘由根据他本人的交代,"这可能是因为我与他们没有类似的身体;我的身体不习惯于普遍性,不习惯于言语活动中所存在的普遍性威力"③。这一话锋机巧的解释,既表明了他自己的立场,又隐含着对圈内朋友的批评,因为在巴尔特看来,高度概括的身体对于个人的身体同样是一种遮蔽,普遍性原则总是打着理论的幌子抹杀个体的差异。要想确立自己的理论风格,就需要从普遍性的威力下拯救出自己独一无二的身体,这点如同布莱恩·特纳所说的那样:"我的本质主要取决于我的特殊的身体。"④ 巴尔特的身体里埋藏着鲜为人知的理论秘密,因而通过身体来认识他便不失为一条幽径。

---

① 尼采:《权力意志——重估一切价值的尝试》,张念东、凌素心译,北京:商务印书馆,1991年,第152页。
② 简·盖洛普:《通过身体思考》,杨莉馨译,南京:江苏人民出版社,2005年,第1页。
③ Roland Barthes. Roland Barthes by Roland Barthes. trans. Richard Howard. Hampshire & London: Macmillan Press, 1977, p. 175.
④ 布莱恩·特纳:《身体问题:社会理论的新近发展》,见汪民安、陈永国编:《后身体:文化、权力和生命政治学》,长春:吉林人民出版社,2003年,第9页。

一、差异性的身体

巴尔特拥有怎样的身体呢？我们不妨从他的一张童年照片谈起。照片中，年幼的巴尔特身穿百褶裙，可能是摄影师的镜头使他惊慌，他极不自然地站起来，两只小手搭在一起，目光有些迷离。多年后，他将这张照片收入了自己的传记《罗兰·巴尔特谈罗兰·巴尔特》，并在书末的"插图说明"中交代："巴约纳市，马拉克镇，大约1919年。"① 按年龄推算，此时巴尔特大约四五岁，他的父亲路易·巴尔特三年前已经在海战中牺牲。父亲的死虽然没有给他留下任何印象，但是随着他的去世，整个家中再也找不到可以效仿的男性榜样，年幼的他不得不跟寡居的祖母、母亲以及终生未嫁的姑姑生活在一起。可能是女性化的家庭氛围让年幼的巴尔特迷上了裙装，或者一家人从小就把他当女孩来培养，也可能是母亲或者姑姑无意中为之，不管怎样，这些都给渐渐成长中的他造成了心理暗示，让他在潜意识中产生了对女性的认同心理。不然的话，多年以后，作者为何要将这张"令人惊愕"的照片放入自己的传记？他虽然一再强调传记中的巴尔特不过是个虚构的人物，他所记录的一切均应被看成是出自这个虚构的人物之口，但是这般闪烁其词不过是他惯用的伎俩，如同他在《恋人絮语》中所说的那样："要想完全隐藏情感是不可能的……隐藏必然会被察觉。我想让你知道我对你隐瞒着什么，这是我必须解决的悖论——我必须同时让你知道又不想让你知道——我想让你知

---

① Roland Barthes. Roland Barthes by Roland Barthes. trans. Richard Howard. Hampshire & London: Macmillan Press, 1977, p. 186.

道我不想向你流露的感情，而这正是我想传递给你的信息。"① 作者不想用语言直接表明的东西，却巧妙地通过这张照片告诉读者。

与童年相比，巴尔特对自己的青春期更加留恋。不过，在那个时段留存的影像中，他越来越感觉到自己身体和性别的错位。按照传统观念，人的性别是由生理学或解剖学意义上的身体所决定的，当某人生为"女儿身"她就是"女人"，而当某人生为"男儿身"他就是"男人"，这种身体/生理决定论一直统治着我们对于性别的判断。用这种观念来审视自己，巴尔特很快便发现了自己的怪异，因为在内心里他一直把自己当女人看待，身体和性别的错位使他感觉到某种不真实的东西："'可是，我从来就不像看起来的那样'——您怎么知道呢？您看起来像或者不像的这个'您'是怎样的呢？您在哪里能够找到它？——采用哪种形态标准或表达标准？您的真实的（authentic）身体又在何处？"② 在这些青春期的照片之中，同时又不在它们之中。"这组照片在我身上激起了某种苦涩的梦幻，它的组成单位是牙齿、头发、鼻子、瘦身材、穿着长筒袜的大腿，它们不属于我，然而又不属于别人。从此，我就处于令人烦躁的状态：我看到了主体的分裂。"③ 在他的青春期，这种分裂让他痛苦不已。

他随后的经历无疑又加剧了这一过程。1934 年 5 月，就在他中学毕业前夕，医生查出他患有肺结核，学校把他送到了位于阿尔卑斯山的疗养院，他在那里接受了隔离治疗。一年后，他重返学校。1941 年 10 月，大学尚未毕业的他结核病再次复发，不得不重返深山。他这次在疗养院

---

① Roland Barthes. A Lover's Discourse. trans. Richard Howard. London and New York: Penguin Books, 1978, p. 42—43.

② Roland Barthes. Roland Barthes by Roland Barthes. trans. Richard Howard. Hampshire & London: Macmillan Press, 1977, p. 36.

③ Roland Barthes. Roland Barthes by Roland Barthes. trans. Richard Howard. Hampshire & London: Macmillan Press, 1977, p. 4.

一呆就是数年,直到1946年2月完全康复。疗养院里与世隔绝的生活,使正处在青春期的他很少有机会接触异性。长期的性压抑,加上幼年的生活经历,使他的性取向发生了倒错,他成为了"酷儿"(queer)——同性恋者。据传记作家路易-让·卡尔韦考述,1942年暑假,当勒贝罗尔从巴黎到圣莱伊疗养院去看他,巴尔特向勒贝罗尔吐露了自己的秘密,说自己迷恋男孩的身体,并且向勒贝罗尔表达了爱意,这让后者惊慌不已。1945年2月,巴尔特被转到瑞士的莱赞接受气胸手术,他在那里遇到了另一个男孩达维德。为了摆脱巴尔特的纠缠,达维德也很快逃离了莱赞。

按照弗洛伊德的理论,当生活的欲望得不到满足,它就会升华或者转移到其他方面。巴尔特在疗养院用心读完了法国著名历史学家儒勒·米什莱(Jules Michelet)的几乎全部著作,陶醉于他所谈到的"女性之血"。米什莱认为历史是由男女两种血液汇聚而成的,其中"男性之血"是疯狂的、莽撞的、病态的,而"女性之血"则按照大海的潮汐和自然的节律循环不已,它是良性的、流动的、自由的,历史正是因为有了"女性之血"的浇灌才缓缓向前发展。米什莱之所以形成这样的历史观,主要归因于他的差异性的身体。他从不避讳自己身上的女人气,并断言这一切来源于他的母亲。每逢刮风下雨,他就抱怨头晕乏力,表现出情绪的多变性,在常人眼里,这正是女人的性格特征。面对别人的指责或者恭维,他从来都不加辩解,因为他把亦男亦女视为理想的性别,把女性化的男人看成是"完整的人"。这种看法无疑让巴尔特振奋,所以在自传中他将自己公开比喻为"H女神",甚至将同性恋所产生的快乐与吸食印度大麻相提并论。他认为,"性倒错所潜藏的快乐总是被低估……。法律、科学、俗套都拒绝理解同性恋,其实非常简单,同性恋就是为了取乐。或者更准确地讲,性倒错会导致一系列变化:我会变得更敏感,更富有洞察力，更会说话，更会娱乐，等等。而在这些变化中，我们会看到差异。"①

现有的性别逻辑总是将男女两性对立起来，非此即彼。巴尔特很反感这样的逻辑，他认为男女的对立不过是历史观念的产物，其实在源头上男女是同体的。他认为米什莱笔下的那些英雄就是雌雄同体的生命，他们就是依靠女人所特有的直觉，孵化出非凡的能力。"没有女人，便没有阳刚之气；然而，没有几粒雄性的火星，也绝不会有女中豪杰。才能的定义是：既是男人，也是女人。"② 同性恋者身兼两性，他们/她们作为完整的性别不仅消除了彼此的对立，而且打造了一个光滑无痕的世界。巴尔特不是一个女权主义者，他无意于确立平等的性别政治，而是为了构建一种多元论的哲学，这一哲学的根基，就是尚未被既定的性别框架（非男即女）所吸收的差异性的身体。

二、"中性"的策略

在法兰西学院 1978 年上半年的课程研讨班上，巴尔特将同性恋的身体定义为"中性"。所谓"中性"，既不是"第一性"（男性），也不是"第二性"（女性），而是介于男女两性之间的"第三性"或者"超性"。在历史上，除了苏格拉底、柏拉图、色诺芬等少数哲学家外，人们对中性的态度基本都是贬义的。巴尔特罗列了一系列的形容词，比如负心、

---

① Roland Barthes. Roland Barthes by Roland Barthes. trans. Richard Howard. Hampshire & London: Macmillan Press, 1977, p. 63—64.
② 罗兰・巴尔特：《米什莱》，张祖建译，北京：中国人民大学出版社，2008 年，第 167 页。

逃避、含糊、松懈、冷漠、卑劣，等等。总而言之，中性在各种定见中都背负着恶名。可在他看来，中性虽然缺乏男性的阳刚之气，但是却有股柔韧的生命力，这股生命力就隐藏在主体的生命意志中。

巴尔特在自己的哲学中巧妙地借用了这股力量，也就是说，他将中性的身体直接挪进了自己的哲学，中性于是成为他构建多元论哲学的基本策略。当然，我们也不可忽略他从语言学中所获得的启发。语言学认为，所有的词语只有在对立中才能取得意义，如果这种对立存在，它们就构成一种聚合关系，所谓意义就是在此关系中产生的。中性是对聚合关系的破坏，也就是在两个对立的项次之间插入第三项，这个新增的项次假若不是对前两项的综合，那么，原有的聚合关系必然会被打破，意义就会产生分歧。正因为如此，差异取代了同一。忽视差异而尊崇同一，这是以往哲学的逻辑。吉尔·德勒兹认为柏格森之所以谴责他的前驱，就是因为他们用同一性思维遮蔽了事物本性的差异，所以他要将差异性的观念引入自己的哲学：一方面，从方法论上引导人们认识事物的差异，描述它们而不把它们简化为抽象的概念，进而把握它们的实在；另一方面，从本体论的角度界定事物的本质就是绵延，所谓"绵延"，就是事物内部不断变化的差异性运动。① 任何事物的不可替代性就在于它的唯一，我们常常说世界上不可能找到两片完全相同的树叶，柏格森还告诉我们，即便是同一片树叶也不尽相同。柏格森——更准确地说，是经过德勒兹阐释的柏格森——的这一思想对 20 世纪 60 年代末崛起的法国后结构主义思想家们影响深远。巴尔特不仅视同一性为"魔鬼"，而且认为它的存

---

① 吉尔·德勒兹：《柏格森的差异观念》，见陈永国编译，《游牧思想》，长春，吉林人民出版社，2003 年，第 1 页。

在"简直滑稽可笑"[①]。他积极倡导差异,因为在他看来,只有通过差异才能消除语言中的意识形态暴力。

今天,我们习惯将意识形态等同于政治,其实,政治不过是意识形态的一种典型的表现方式。它作为一种权威的话语还广泛渗透在历史、文化、教育、生活等方方面面。即便是在家庭关系和私人交往中,我们也能够听到意识形态颐指气使的声音。它在这里被驱赶,又会转移到异地;在这里被耗尽,不久又可能死灰复燃。总而言之,它永远不会从历史中消失。根据巴尔特的分析,意识形态所寄附的东西就是语言,或者是语言必不可少的表达形式:语言结构。"语言是一种立法,语言结构则是一种法规。我们看不见存在于语言结构之中的权力,因为我们忘记了整个语言结构是一种分类现象,而所有的分类都是压制性的:秩序既意味着分配又意味着威胁。"[②] 要想克服语言结构中的异化关系,就需要借助于中性。巴尔特一生钟爱文学,特别是法国的现代派小说。在文学创作上,他大力推崇中性写作。

所谓"中性写作",又称为"零度写作"或者"白色写作",即要求作家在写作的过程中不掺杂个人的主观想法,而让语言自身说话。由于作家的"隐身"和"缺席",所以这种写作是一种纯洁的写作,一种直陈式的语言表达。与古典的写作相比,它具有这样的优势:第一,解放了作者。他无需代表某个集团或者阶层说话,不必承担"精神导师"或者"启蒙者"的角色,更不用扮演意识形态的傀儡,他的写作仅仅受语言文字的支配。因为摆脱了意识形态和思想的负累,所以他是一个自由的写

[①] Roland Barthes. Roland Barthes by Roland Barthes. trans. Richard Howard. Hampshire & London: Macmillan Press, 1977, p. 180.

[②] Roland Barthes. A Barthes Reader. ed. Susan Sontag. London: Jonathan Cape Ltd., 1982, p. 460.

作者。第二，恢复了写作的魅力。在古典的写作中，由于作者承担着意识形态传达的任务，所以写作沦为了表达意图的工具。当写作不再用于他途，它就是一种纯粹的"语言劳作"。第三，也是写作回归自身的结果，它凸显了语言符号的形式功能。古典艺术始终强调形式要为内容服务，作品的形式不过是表现内容的载体而已，实际上用思想的价值取代了形式的意义。巴尔特所倡导的中性写作不仅主张形式与内容的分离，而且更加注重形式的独立功能。这点，充分体现出法国结构主义同俄国形式主义两者之间的理论联系。

加缪的小说《局外人》被巴尔特看成是中性写作的范例。作家通过不动声色而又劲健的笔调为我们塑造了一个惊世骇俗的人物形象：默尔索。他对自己母亲的去世漠然置之。因为在海滩上强烈的阳光刺激所产生的晕眩，他开枪杀人。法庭最终将他处死，他仍然无动于衷。对于这个世界，他完全就是一个"局外人"。巴尔特从写作的角度认为加缪的这部小说成功地实现了一种"不在"（absence）的风格，真正将文学写作变成了一种语言符号的科学。在这样的写作中，"形式不再充当工具被专断的意识形态所利用，而是成为作家面对新情境的方式，尽管它是以一种沉默的方式来存在"[①]。随着作者的"离席"（absence），语言也就失去了它的透明性，由它产生的作品自然拥有差异性的意义。不过，巴尔特认为这样还不够彻底，因为作者的"离席"并不是说他真的消失了，而是暂时退避，在作品中偶然还会听到作者的声音，所以接下来他要做的工作就是"杀死"作者。

---

① Roland Barthes. Writing Degree Zero/Elements of Semiology, trans. Annette Lavers. London: Jonathan Cape Ltd., 1967, p. 78.

三、作者之死

作者不过是近现代思想的产物。在人种志的社会,尽管也存在叙事,不过主要的创作方式是口口相传,作品从来不由某个署名的作者来承担。因此,必要时,人们可以欣赏叙事的艺术成就,却不会欣赏谁是"天才"。当17、18世纪启蒙运动兴起,人们发现了个人的魅力。在文学方面,以孔德为代表的实证主义要求关注作者。由此开始,作者在各种参考书、教材、日记、访谈录中随处可见。"人们把在日常文化中所找到的意象统统集中在作者方面,包括他的为人、他的生活、他的爱好、他的情趣。在大多数情况下,文学批评就在于说明:波德莱尔的作品是波德莱尔个人失败的记录,梵高的作品就是他癫狂的记录,柴可夫斯基的作品就是他堕落的记录。对于作品的解释总是从创作者那里去寻找,结果好像总是这样:通过捏造一些真假难辨的寓言,作者本人发出了声音,向我们提供了'秘闻'。"①

在马拉美、瓦莱里、普鲁斯特和一些超现实主义者的身上,巴尔特已经看到了作者地位动摇的迹象。譬如,马拉美就认为是词语自身在说话而不是作者。瓦莱里强调文学考虑的首要对象不应是作者,而是语言条件。普鲁斯特完全打乱了叙述者和人物的关系,他小说里的叙述者既不是作者,也不是大家所熟悉的人物,而是即将诞生的人。超现实主义者用手尽可能快地去写连脑袋都不知道的事情,甚至在互不沟通的情况下共同创作。这些表明,作者的形象已经丧失了它的神圣性。

---

① Roland Barthes. "The Death of the Author", Image, Music, Text. trans. Stephen Heath, New York: Hill and Wang, 1977, p. 143.

巴尔特从理论上加快了作者的"死亡"。因为在他看来,"一件事一经叙述便不再直接作用于现实,而是相反,即除了符号练习本身之外,不再具有其他功能。这种断裂一旦发生,声音也就失去了它的本源,作者步入了他的死亡,写作于是开始了。"① 对于现代抄写者来说,写作不再指向外在的事物,而仅仅指向写作行为本身。"这就意味着符号的相互作用与其说是按照所指的旨意,还不如说是按其能指的特质建构而成。写作就像一场游戏一样,不断超越自己的规则又违反它的界限并展示自身。在书写中,关键不是表现和抬高书写的行为,也不是使一个主体固定在语言之中,而是创造一个可供书写主体永远消失的空间。"② 在这个空间里,由于主体的远离,"所有话语,不管其身份、形式、价值如何和它们将受到何种待遇,都将在一种私语默言的匿名性(anonymity of a murmur)中发展。我们将不再听见被重复了如此之久的问题:'谁在真正说话?难道真是他而不会是别人吗?以何种真实性和创造性说话?他在其话语中表现了自我哪方面最深沉的部分?'相反,随之而起的是另外一些问题,如:'这种话语以何种形式存在?它曾在哪里使用过?它怎样才能够流通和谁能够将它据为己有?它在内部什么地方可接纳一个可能的主体?谁能承担主体这些变化不定的功能?'在所有这些问题的后面,我们将听见不是别的声音而是一种骚动着的冷漠:'谁在说话又有什么关系呢?'"③

以上是从创作的角度而言,当我们将目光转向阅读也会看到类似情

---

① Roland Barthes. "The Death of the Author", Image, Music, Text. trans. Stephen Heath, New York: Hill and Wang, 1977, p.142.
② 米歇尔·福柯:《什么是作者?》,见王岳川、尚水编:《后现代主义文化与美学》,北京:北京大学出版社,1992年,第288页。
③ 米歇尔·福柯:《什么是作者?》,见王岳川、尚水编:《后现代主义文化与美学》,北京:北京大学出版社,1992年,第305页。

景。因为在过去的数个世纪，我们对作者敬若神明，而对读者却漠不关心，几乎所有的阅读和批评都围绕作者的生平、创作背景和心理展开。巴尔特显然不满于这样的惯例，他认为在这样的惯例之中，"作者被视为作品永恒的主人，剩下我们这些人——他的读者，纯粹就只有接受的份。在这样的系统中，显然隐藏着一种权力：作者君临于读者之上，他有权迫使读者去接受作品某种特定的意义——这种意义当然毋庸置疑。但是，由此也产生了一种不平等的批评伦理：人们总是习惯去发掘作者的微言大义，而丝毫不顾及读者的理解。"① 这就是典型的作者中心主义。为了克服这种弊病，伽达默尔在他的哲学解释学中提出了"本文"与读者之间的"问答逻辑"。接受美学更是强调作品的效果取决于读者的参与，所谓"意义"其实就是读者与"本文"之间填充的间隙。不过，他们的工作进行得并不彻底，因为在他们的理论中还存在所谓"视域融合"的问题，这无形中给作者留下了一席之地。与他们相比，巴尔特显然更富有"革命意识"，他通过宣判作者的"死刑"将阅读的自由完全交给了读者。

四、用身体阅读

这么做并不是为了让读者去占据作者空缺的位置，而是为了重新唤起阅读。巴尔特认为，"一切阅读都是超越个体的形式：由文本的字面意义（但是，这些字面意义存在于哪里呢？）造成的联合，无论我们怎么做都不会混乱；它们总是由一些语言符号形成的固定结构。即便是最主观化的阅读，也仅仅是按照某些规则来玩的游戏而已。这些规则源自哪里

---

① Roland Barthes. Œuvres complètes 1966—1973, Tome II, éd. Éric Marty. Paris: Seuil, 1993, p. 962.

呢？必定不会出自于作者，他不过是按照自己的一套来运用规则（其运用也许是天才的，如巴尔扎克那样）。这些规则所来之处绝对不像作者那样显而易见，它们出自古老的叙事逻辑，出自某种在我们诞生之前就已形成的象征形式。总而言之，出自广阔的文化空间，我们每个人（无论是作者还是读者）身处其中都不过是一个通道而已。翻开一个文本，将它置于阅读的系统之中，目的不止是为了显示它能够被理解，特别是为了证明：不存在任何阅读的真理，唯有游戏的真理而已。并且游戏在这里不能被当作消遣，必须把它看成是一项工作，不过在游戏中，劳动的艰辛烟消云散了。阅读就是使我们的身体积极活动起来（通过精神分析，我们了解到这身体大大超越了我们的记忆和意识），处于文本中符号的引领之下，让语言不断地穿越身体，在句段中形成波光淋漓的痕迹。"①

以往阐释学认为解释的目的在于揭示真理，并且将真理与个体生命存在互相联系起来。通过这种方法，来确证人的存在并不是一个虚无的过程，而是面向真理的追寻。特别是在海德格尔看来，解释者在解释的过程中不可能像一块白板，他总是带着"先入之见"或者"偏见"去认知对象，这样就很难实现解释的客观性，所以对真理的把握就成为了难以达成的"永恒性过程"。巴尔特对这种真理观异常反感，他大声感叹："自本世纪以来，有多少为了真理的战斗啊！与此同时，又有多少以此意义反对彼意义的战斗啊！有多少面对符号的不确定性而生的焦虑、多少尝试巩固它们而生的规定啊！这些完全属于同一部历史，血淋淋的历史！它们和真理、符号以及文本脱离不了干系。"② 他认为文本既不是真理的

---

① Roland Barthes. Œuvres complètes 1966—1973, Tome II, éd. Éric Marty. Paris: Seuil, 1993, p. 963.

② Roland Barthes. Œuvres complètes 1966—1973, Tome II, éd. Éric Marty. Paris: Seuil, 1993, p. 1679.

"存放器",也没有任何确定性的意义。同作品相比,它就是一个由语言和符号组成的织体。如果说作品是感性的,那么文本则属于方法论的领域,因为它的意义是个无限延宕的过程,需要读者在阅读中去生产。生产性于是就成为文本最重要的特性。

什么样的文本能够吸引读者进行生产呢?在他看来,能吸引读者进行生产的文本必须具备这样的特征:"你写的文本必须向我证明,它欲同我交欢。存在这样的证据,它就是写作。写作就是种种语言快感的科学(这科学拥有唯一的信条:写作本身),语言的《欲经》。"① 很显然,巴尔特不仅将文本视为欲望化的对象,而且主张以身体为中介进行阅读和生产。在这一思想中,我们能够窥见尼采的形象,他用形而下的身体取代了形而上学的真理,推翻了先验哲学的僵化逻辑。巴尔特富有尼采气质,他并不认同传统的真理或价值论解释,因为对于文本来说,任何真理或价值论的解释都是它的异化形式,所以他要连根拔掉这些文本之外的东西,彻底铲平阅读的地基。但是,接下来就会出现一个新的问题:阅读的目标在哪里?换句话说,我们为什么要阅读?

巴尔特自称是个享乐论者,他强调自己这么做是为了捍卫一种长期受贬的哲学。② 如果同真理和利益相比,享乐无疑具有中性的性质。它不是文本的一个要素,不仰仗理解的逻辑,同其他事物也不构成任何结构性关系,它本质上就是一种捉摸不定的漂移。就读者而言,这种享乐抛弃了实际的功利,它没有特定的意义,愉悦是其唯一的目的。因此,在巴尔特眼里,它能够成为阅读全新的根基。当然,他从不否定这种享

---

① Roland Barthes. The Pleasure of the Text. trans. Richard Miller. New York: Hill and Wang,1975,p. 6.

② Roland Barthes. The Grain of Voice: Interviews 1962—1980. trans. Linda Coverdale. California: University of California Press,1985,p. 194.

乐的私人性质，因为每个人的身体都可能隐藏着自己的秘密，而且每一次阅读都可能是不可重复的经历。这样也就决定了阅读的多元性和不可通约性。我们可以设想一种有关阅读快感的类型学：恋物癖者会关注文本的裂缝、精美的引文、格言警句，以及文本中细微的转换；强迫症者，这类人包括语言学家、语文学家、符号学家和语言障碍者，他们会通过语言的构成、语法和句法来获得情感的释放；偏执狂会去消费或者生产错综复杂的文本、推理性的故事以及富有挑战性的叙事结构；歇斯底里者会把文本看成戏剧，甚至会去扮演文中的角色。总而言之，不同的读者会产生迥然相异的快感。在文本和读者之间所敞开的纯粹是私密性的空间，在这个空间里，所有的阅读都带有"私语"的性质。

巴尔特在他所建构的类型学中纯属恋物癖，因为他的快感不是源自于文本的整体，而是它星状裂开的缝隙。他曾按照阿拉伯学者的说法，将文本定义为"某种身体"（corps）。什么样的身体呢？当然是享乐的身体。"身体最性感的地方不是衣服的裂口处么？"[①] 在巴尔特看来，"那些断裂处能够撩拨人的情欲：两件衣裳（裤子和毛衣）的触接处，两条边线（颈脖敞露的开衫，手套和袖口）之间肌肤的若隐若现；恰恰是这肌肤的闪露本身挑逗着，更确切地说，让人目迷神离"[②]。就像脱衣舞女的表演，在她衣物完全敞露的那一瞬间，观众欲望顿失。唯有在她衣物渐次剥落的过程之中，他们才会成为理想的"窥淫者"。阅读的快感就源自于这些语言的皱褶，在词和词之间、句子和句子之间、段落和段落之间。当然，文本内部的突然撕裂也会产生极度的愉悦，比如阅读萨德。他那

[①] Roland Barthes. The Pleasure of the Text. trans. Richard Miller. New York: Hill and Wang, 1975, p. 9.

[②] Roland Barthes. The Pleasure of the Text. trans. Richard Miller. New York: Hill and Wang, 1975, p. 10.

些色情而天真的想法和水火不容的符码让常规的语言胀裂了。"文本所产生的愉悦令人开心,就像那些无法抑制的、反常的、纯粹幻想性的瞬间:萨德笔下的放纵者在性欲臻于高潮的时刻,他吊起自己的脖子并且割断了绳索。"① 这一体验的内核恰如巴塔耶所说,"享乐与毁灭极为相像,以致我们把它的顶点叫做'小小的死亡'"②。如果说萨德和巴塔耶形成了某种隐秘的法兰西经验,那么巴尔特也是这一经验的接受者和传承者,他对快感和享乐的推崇就是典型的表现。

五、小结

从以上分析可见,巴尔特具有非常明确的身体意识,他不仅意识到了自己与他者之间的身体差异,而且将这一差异性的身体巧妙地理论化了,他的性别理论、写作与阅读理论在某种意义上都是身体理论的自然拓展和延伸。他对尼采主义,尤其是对萨德和巴塔耶的消化吸收,使他的这一理论变得更加丰富,更具有解构传统和颠覆传统的价值。他的独特性就是建立在身体理论的基础之上。吉尔·德勒兹的费利克斯·伽塔里在《反俄狄浦斯》中曾把身体比喻为"欲望机器",其突出的特征就是能够随时随地进行欲望的生产和再生产。巴尔特把类似的身体引入写作和阅读,也就是把欲望和生产引入写作和阅读,这无疑使他的理论获得了源源不断的动力。与此同时,这些理论也摆脱了结构性的本质论框架,

---

① Roland Barthes. The Pleasure of the Text. trans. Richard Miller. New York: Hill and Wang, 1975, p. 7.
② 乔治·巴塔耶:《色情史》,刘晖译,北京:商务印书馆,2003 年,第 151 页。

展现为一种实践形式，一种动态开放的过程。

在同时代的思想家中，没有人像巴尔特那样宣扬享乐，甚至把享乐作为文本写作和阅读的终极目的。这种尼采式的思维使他的理论具有"离经叛道"的性质，同时也招致了种种非议。有人认为巴尔特始终没有摆脱自身的资产阶级情调，也有人批评他罔顾社会现实，还有人斥责他沉迷于感官享乐，而忽略了探究主体的心灵世界。比较而言，乔纳森·卡勒的评价比较客观，他说："巴尔特恢复享乐论可能是他最难以评估的构想，因为他似乎陷入了他先前暴露的那些神话化作用，然而它仍然对正统的思想提出了挑战。"① 总而言之，以身体为基础，以享乐为旨归，它们两者的结合使巴尔特的理论新颖独特并且无可替代。

---

① Jonathan Culler. Barthes: A Very Short Introduction. Oxford: Oxford University Press, 2002, p. 84.

文本阅读的实验

> 解构的程序被称之为"锯断坐在屁股底下的树枝"。
>
> ——乔纳森·卡勒:《论解构》

"文本"(text)这一概念并非巴尔特的发明。然而,在他理论转变的过程中,它却发挥了极其重要的作用。可以说,巴尔特正是在这一概念的引领下顺利完成了自己的思想蜕变,即从一个结构主义者转变成了一个后结构主义者。其中,雅克·德里达和朱丽娅·克里斯蒂娃——当然,还应该包括这一概念的发明者米哈伊尔·巴赫金——功不可没。但是,他们均未像巴尔特那样专注于这一概念,并且把它从一个"舶来品"发展为一种法国理论。到今天,它已经成为了巴尔特的重要标签,我们只要提到文本理论,恐怕没有人能够绕过他,也没有人比他论述得更加深刻。

首先,"文本"不同于"作品"。巴尔特说:"我们必须警惕这样的说法:作品是古典的,文本是先锋的。区分它们并不在于用现代性的名义来建立一张粗糙的图表,再根据作品所处的年代顺序来宣布某些作品在现代性之'内',另一些则在它之'外'。一部非常古老的作品可能就是某种'文本',而许多当代文学作品则可能根本就不是文本。它们的区别如下:作品是实存的事物,它占据部分空间(如存放于图书馆里);而文本则是一种方法论的领域。"① 作品能够在书店、图书馆、卡片目录中找到,而文本则是由语言来决定,它只是作为一种话语而存在,或者说,它只有在读者或者阐释者的阅读中才展现出来。一个作家创作了许多作品,而这些作品可能只是同一个文本。与之相应,不同的文本也可以出现在同一部作品之中,这就是"互文性"(intertextuality),这些文本相互交织,形成一种对话关系,而文本的愉悦就在这些对话中呈现出来。

其次,文本还具有可生产性。这并不是说文本是劳动的产品,而是生产的过程,它无时无刻不在劳作,因为文本的意义是延宕的,它并不指向某个确切的所指,而是不断地转喻,即由一个能指转向另一个能指,如此循环不已。对于读者来说,他完全可以抛开传统的顾虑,即相信作品的意义是确定无疑的,他的阅读就是"揭秘",这种观念已经过时了,或者说,它已不符合文本的策略。对于文本的阅读,既是动态的,也是开放的,任何读者都可以按照自己的意图进行生产。正因为如此,文本才具有复数的性质。

再次,文本和欲望相互交叠。在《文本的愉悦》中,巴尔特还将文本和欲望联系在一起,视欲望为文本的动力学基础。"你写的文本必须向我证明,它欲同我交欢。存在这样的证据,它就是写作。写作就是种种语言快感的科学(这科学拥有唯一的信条:写作本身),语言的《欲

---

① Roland Barthes. The Rustle of Language. trans. Richard Howard New York: Hill and Wang, 1986, p. 57.

经》。"① 因为欲望能够唤起读者的意志，并把他带入到文本之中，阅读的过程在某种层面上就是婚媾的过程。"在那里，认知的欲望和相反的欲望，即从每个事物中提取它所包含的未知部分的欲望，不断地混杂起来。"② 读者既受到这些欲望的驱使，同时又不断地逾越各种界限，进而获得无尽的快感。巴尔特说："文本所产生的愉悦令人开心，就像那些无法抑制的、反常的、纯粹幻想性的瞬间：萨德笔下的放纵者在性欲臻于高潮的时刻，他吊起自己的脖子并且割断了绳索。"③ 这醉境就是文本给读者带来的快乐。

最后，也是关键的一点，文本是解构传统的策略。过去，我们相信语言符号的指谓关系，认为任何作品都有一个稳定的中心，对于阐释者来说，就是顺着这些指谓关系去寻找意义，从而体会作者的意图。在此情况下，"本文好像被当作某一客观意指作用的所在，而这种意指作用就好像被封存在作为产品的作品之中。然而，一旦本文被视为生成过程（而不再是产品），'意指作用'这个概念便不适用了"④，取而代之的应该是意指活动，它是指在某一特定的范围内对符号意义的生产。如果说前者是稳定的，那么后者则是变化的，文本的意义就在这一变动不居的过程中被源源不断地生产出来。巴尔特的这些观念动摇了传统思想的根基。

---

① Roland Barthes. The Pleasure of the Text. trans. Richard Howard. New York: Hill and Wang, 1975, p. 6.
② 乔治·巴塔耶：《内在体验》，尉光吉译，桂林：广西师范大学出版社，2016年，第199页。
③ Roland Barthes. The Pleasure of the Text. trans. Richard Miller. New York: Hill and Wang, 1975, p. 7.
④ 罗兰·巴尔特：《本文理论》，李宪生译，载《外国文学》，1988年第1期。译文略有改动。

进入 70 年代以后，巴尔特就按照他的新构想从事文本实践了。"如果说，他从前的写作，不论是《写作的零度》，还是《符号学原理》，不论是《神话学》，还是《叙述作品结构分析导论》，都应归于作品概念之下——它们确实在试图阐述真理，寻找本质，挖掘深度；那么，此后的写作，他的文本理论之后的写作，却是在嬉戏、欢闹和娱乐了，巴特既没有说服人的意图，没有宣讲、传道的口气，也没有求真的愿望。从此之后，我们只看到了那个沉醉于自我表述，沉醉于快乐，沉醉于复杂、矛盾、敏感和多愁善变中的巴特，沉醉于欲望、自我满足、闲适和色情的巴特，沉醉于反讽、修辞和解构的巴特。巴特从一个真理的宣传员转向了文本的嬉戏者，巴特信誓旦旦的结构目标现在给彻底毁了。"① 不过，他的这一转变却给我们带来了新的气象。

一、文本和阅读的愉悦

1968 年春，巴尔特在巴黎高等实验学校的研讨班上开设了一门新的课程："叙事作品的文本分析"，选读的是法国著名作家巴尔扎克的中篇小说《萨拉辛》（1830，中文又译为《萨拉金》）。由于不久就发生了席卷全国的学生运动，这一课程被迫中止，次年春天才恢复。据巴尔特本人透露，他之所以青睐这部小说主要是由于受到让·勒布尔的影响，后者曾在《精神分析手册》杂志 1967 年第 3—4 月号上发表了一篇重要文章《萨拉辛即阉割的体现》，而勒布尔又称他的灵感来自于乔治·巴塔耶，早在十几年前巴塔耶就赞扬《萨拉辛》是巴尔扎克巅峰时期的作品

---

① 汪民安：《谁是罗兰·巴特》，南京：江苏人民出版社，2005 年，第 145 页。

之一，甚至认为它同《呼啸山庄》《红与黑》《审判》《白痴》等经典小说一样，在创作上大胆僭越了叙事传统。

小说《萨拉辛》的突出特色就是在结构上采用了套盒式结构，即故事里面有故事，其情节大致如下：某日，叙述者带着他的情妇德·罗什菲德伯爵夫人参加巴黎望族——德·朗蒂家族的晚宴。在宴会上，伯爵夫人目睹了朗蒂家族的奢华生活。不过，最让她疑惑不解的是宴会上出现的那个神秘莫测的老人，以及客厅墙上所悬挂的那幅俊美的画像。这老人是谁？画中人物又是谁呢？叙述者和伯爵夫人订立了一个契约，要求她用身体交换谜底，伯爵夫人答应了。契约达成之后，叙述者便给她讲了一个凄美的爱情故事：萨拉辛是法国东部地区一位代理律师的儿子，他幼年丧母，父亲对他宠爱有加并指望他长大后光耀门庭，不料这小子从小就无心问学，屡犯校规，最终被赶出校门。他因为害怕父亲鞭笞，便偷偷地跑到巴黎，投在当时法国著名艺术家布夏东的门下拜师学艺。六年间，萨拉辛除了闭门创作几乎不问世事，其技艺的精湛令人赞叹。1758年，学有所成的萨拉辛告别恩师去了意大利的罗马。一天晚上，在阿根廷大剧院看戏，他见到了无比美艳的歌手赞比内拉。那一刻，他就暗自发誓要么得到她的爱，要么去死。接下来，他用数周的时间为赞比内拉雕刻了一尊十分精美的雕像。后来，他竟然意外地得到了赞比内拉的召见，在去郊外的马车上他表达了自己的爱情，还情不自禁地吻了她。在得知赞比内拉是红衣主教包养的情人之后，萨拉辛决定带她私奔，离开罗马，却惊奇地发现她原来是个阉割的男歌手。绝望之中，他拔出宝剑想杀了她，此时赞比内拉失声尖叫，红衣主教派来的护卫乘机将萨拉辛杀死。当悲剧落幕，伯爵夫人心中的疑惑迎刃而解——宴会上那个神秘的老头就是赞比内拉，而墙上悬挂的是他生前请人依照那尊雕像临摹的肖像。

巴尔特读完这部小说之后心潮澎湃，因为他一直在寻找合适的作品展开文本分析。他尝试过《使徒行传》《圣经·创世纪》第32章第23至33节、爱伦·坡的小说《瓦尔德马案件真相》，但均不满意，因为这些作品太过于传统了，而小说《萨拉辛》虽然创作于19世纪，但是它在故事的内容和结构上都非常新颖，甚至带有一定的现代性。巴尔特将这部小说分解为561个片断，再将这些片断合并为93个单元，每个单元中又插入相应的结构代码（阐释代码、情节代码、象征代码、文化代码、意义代码）。这就是《S/Z》(1970)，一部让人望而却步的"旷世奇书"。

为何要这样做呢？巴尔特在为该课程所写的"导读"中做了详细的解释，他认为"我们的批评需要借用'显微镜'和'望远镜'，这不是故意发难，因为前者对与作品相关的文献、作者自传、创作心理等锱铢必较，而后者则盲目地审察作者所处的时代背景。我摒弃这样的方式：我不谈巴尔扎克，也不涉及他的时代，我探究的不是他的人物的心理学，作品的主题学以及故事题材的社会学。我想到的是电影摄影机的基本技艺，它能够将一匹马的奔跑分解开来，我也试图用慢镜头拍下自己对《萨拉辛》的阅读过程"[①]。这样做的目的就是要将阅读的自由重新交还给读者，再现阅读本身的魅力，"因为数个世纪以来，我们对作者兴致勃勃，对读者却置若罔闻，大多数的批评理论凭着冲动、压抑和难以遏制之类语言，来解释作者为何创作。……作者被视为作品的永恒主人，余下我们读者就只有接受的份。这种认识明显隐含着强权，即作者总是高居于读者之上，他迫使读者接受作品中的某种寓意——这种意义当然毋庸置疑，但是也由此产生了一种不平等的批评伦理：那就是人们尽力发

[①] Roland Barthes. The Rustle of Language. trans. Richard Howard, New York: Hill and Wang, 1986, p. 29.

掘作者的微言大义,而丝毫不顾及读者的理解。"①

巴尔特试图拯救阅读。在《S/Z》的开篇,他给我们提供了一套行之有效的方法论。他首先将文本划分为两种类型:"可读的文本"和"可写的文本"。前者一经完成即已定型,比如《红楼梦》,我们今天不可能再按照那种方式来写作。面对这样的文本,读者作为一个消费者往往处于消极被动的位置,只拥有可怜的自由,即要么阅读它要么选择放弃。古典的文本多属于这种类型。与之相比,后者并不是一个等值的概念,因为可写的文本不是一个摆在书架上的现成品,只有在文本的阅读和流传中才能呈现出来,也就是说它是生产性的,是永恒的现在时,总是萌生在阅读之中。对于一个文本,不同的读者会有不同的理解,并且会将自己的理解带入到文本的重写之中,从而使文本变得更加多元,更具有复数的性质。更何况,我们的阅读不是为了找到一个确定性的意义,而是对意义的生产。因此,可写的文本是永远开放的,它始终处于未完成状态,阅读的魅力就在我们不断的阅读和重写中产生出来。在传统的意义上,"阅读"或者"重写"就是"批评",巴尔特之所以不再使用这个概念,是因为他认为随着作者中心论的解体,批评已经终结了,批评家已经死了,剩下的只有读者的阅读和写作。

巴尔特在他的自传中,毫不隐讳自己的享乐主义特质,甚至强调自己必须与享乐结合在一起,这样做的目的就是要为享乐主义撑腰,因为在过去它始终遭受压抑,古老的苏格拉底主义、中世纪的神学,以及现代理性无不在规训我们的身体和欲望。标榜享乐,在巴尔特这里不仅仅是把我们沉重的肉身从锁链中解脱出来,它还是对传统的僭越——一种

---

① Roland Barthes. The Rustle of Language. trans. Richard Howard. New York: Hill and Wang,1986,p. 30.

彻头彻尾的解构的力量，这种力量源自于尼采，经过萨德的夸张式描写，在巴塔耶身上被放大为对欲望的赞美。巴尔特承袭了这脉思想，并将它转移到文本的阅读之中。"身体最性感的地方不是衣服的裂口处么？"①巴尔特认为在裤子和上衣之间，在低胸长裙和脖子之间，在手套和衣服的袖口之间，人体这些肌肤闪露的地方充满了诱惑，冰肌玉肤的隐现常常让人目迷神离。在脱衣舞表演中，舞女将身上的遮盖物一件件剥落，最后将观众的目光引向自己的隐秘处。作家在创作中故意设置悬念，然后慢慢抖开包袱。巴尔特认为在这些例子中，并不能产生真正的快感，因为它们是结构性的，没有令人惊异的边缘和裂口。文本却并非如此，在一些词语或句子的接口以及在各个段落相连的缝隙都会充满诱惑，我们从这些裂缝中能够获得阅读的快感。

这些观念主导了巴尔特对文本的分析。他的《S/Z》作为实践的产物，给我们开启了一个多义的空间，其中有无数的岔道、拐弯、出口和入口，驻足这些地方，我们能够切实感受到阅读的非凡魅力。但是对于不熟悉巴尔特的读者而言，它又像一座无法穿越的迷宫。如何阅读它便成为问题的关键。其中，有一条"阿里阿德涅之线"，即主体的欲望。在这方面，巴尔特深受拉康的影响。以下为了论述的简便，我们将从拉康的"对象 *a*"谈起，以此展现《S/Z》的内在动力。

二、爱与欲的精神分析

拉康开始使用"对象 *a*"（objet petit *a*）的概念是在 1958—1959 年

---

① Roland Barthes. The Pleasure of the Text. trans. Richard Miller. New York: Hill and Wang, 1975, p. 9.

第六期研讨班上，他称对象 a 是一个想象的凹坑、一个根本无法实现却充满诱惑的对象，是每个欲望主体在幻象中试图通过对象的替换来把握的东西。在 1960—1961 年第八期研讨班中，他又将对象 a 嵌入人类情爱关系的结构，来分析柏拉图的《会饮》。在这篇古老的对话中，我们通过人物对话知道，阿尔喀比亚德对苏格拉底充满了爱欲，他认为在苏格拉底身上能够找到他所缺失的东西，但是苏格拉底作为人类智慧的"精神分析师"，他清醒地意识到自己身上并没有阿尔喀比亚德所欲望之物，所以他通过古老的辩证法揭示了对象 a 的本质即匮乏。在 1962—1963 年第十期研讨班上，拉康再次阐明了对象 a 作为欲望动因的功能，他强调对象 a 不是任何具体的欲望对象——性或者女人，它是一个能够激发我们的欲望的幻影，是挑动个体欲望的根本原因。在随后的几期研讨班中，拉康一再提到这个不可言说的神秘之物。它是如此飘忽不定，却能够促使每一个主体朝它飞奔，即便他们早已知道这是根本不可能实现的绝望之旅。

在小说中，当年轻的雕塑家萨拉辛在大剧院初次见到赞比内拉，就被她的美貌吸引，称得上是"一见钟情"。这段描写十分精彩："此时此刻，他欣赏的是他理想中的美，这以前，他一直在自然中到处寻找这样完善的美：取这个模特儿的浑圆的腿（模特儿往往长得很丑），取另一个模特儿的乳房轮廓，取第三个模特儿雪白的肩，有时取某个少女的颈脖，某个女人的一双手，某个孩子光滑的膝头，可是从没有能在巴黎灰冷的天空下找到古希腊雕像那样丰富、柔美的线条。如今，赞比内拉把他如此热切渴望的女性形体的美好和匀称集于一身，活生生地、细微地显现在他眼前。"[①] 见到这样的美人，萨拉辛压抑多年的欲望终于爆发了，他

---

① 巴尔扎克：《巴尔扎克全集》（第十一卷），北京：人民文学出版社，1988 年，第 540—541 页。

当即发誓："得到她的爱，否则就去死。"① 这个情窦初开的年轻人随后便陷入了可怕的相思之中。赞比内拉对于他来说不再是歌手，而是拉康意义上的对象 a——一个无法企及却又让人迷恋的幻象。

所谓"幻象"在精神分析的语境中不是指荒诞不经的形象，而是主体借以投射其欲望的场所，幻象的场景既可以在意识层面出现，也可以在无意识中停留。对于陷入幻象的主体来说，它是一种具有生产能力的心理机制。对象 a 其实并非真实的存在，而是主体对他者的理想化的想象，我们总是不断地赋魅于它，将其建构为完美无瑕的形象。如果要追溯它的心理根源，早在我们出生后不久就已经形成了。当 6 至 18 个月的孩子第一次对着镜子看见自己的形象时，就开始形成"自我"意识，只是那时他/她还不能区分"自我"和"他者"，而将镜子中的影像也归属于自己，拉康将这个影像命名为"理想的我"（ideal－I）。相对于自我而言，理想的我是主体对自身的想象性建构，"事实上，主体在镜像中所看到的身体的完美形象，是其认知能力增强之后以格式塔的方式获得的"②，其中包含了自我美化的成分。随着他渐渐长大，这个"理想的我"会异化为"他者"（autre），也就是将自我与镜子中的影像区别开来，婴儿在这个阶段会逐步建立起同外部世界的联系。而在拉康的精神分析中，"小写的他者"（autre）就是对象 a 的本源，我们对对象 a 的想象其实就是对自我的理想化。

因而我们所爱的并不是任何外在的他者，而是那个被理想化的自我。爱之所以不可能实现，就是因为每个恋人内心都有无法割舍的自恋。在

---

① 巴尔扎克：《巴尔扎克全集》（第十一卷），北京：人民文学出版社，1988 年，第 542 页。
② Jacques Lacan, Écrits, trans. Alan Sheridan, London and New York: Taylor & Francis, 2005, p. 2.

《恋人絮语》一书中，巴尔特在总结少年维特与夏洛蒂之间的爱情悲剧时就已明确指出，对于维特来说，"我渴求的是自己的欲望，而情侣不过是它的附属品而已"①。自恋越是强烈，就越会把对方理想化并不假思索地赋魅于对方，恋物癖是较为常见的症候。当萨拉辛首次受到赞比内拉的召见，就暴露出这样的精神状况："当他瞥见一只小巧的脚时，他的心是怎样地狂跳啊！这只脚穿着高跟拖鞋，早先这种鞋子，……使女人的脚显得那么风骚，那么富有挑逗性，我真不知道男人怎能抵挡得住它的诱惑。"② 随后的一段描写仍然呈现出这种心理："赞比内拉肆无忌惮地交叉起双腿，还顽皮地摆动着放在上面的那条腿，一副公爵夫人的姿态，这与她那任性的、带有一种惹人喜爱的柔弱的美很协调。她已经卸去了戏装，穿一件紧身上衣，显出她细柔的腰肢，裙环和绣着蓝花的白缎裙子把她的身材衬托得更好看。胸脯白得晶莹，出于卖弄，最宝贵的部位故意用花边给遮住了。她的发式大致像杜巴里夫人的发式，戴着宽边软帽，脸儿显得更娇小可爱了，发粉对她也很合适。"③ 这样的列举并不能拼贴出赞比内拉完整的身体，只能不断地增加恋物。巴尔特在《S/Z》第50小节谈到这种碎片化的身体，"主体在认知女性身体时，总是以局部零散的方式出现：腿、胸脯、肩膀、颈脖、手。碎片化的女人仅仅是为萨拉辛献欲供爱的对象，被分离，被肢解，其实她不过是一部恋物词典而已。"④

---

① Roland Barthes. A Lover's Discourse. trans. Richard Howard. London: Penguin Books, 1979, p. 31.

② 巴尔扎克：《巴尔扎克全集》（第十一卷），北京：人民文学出版社，1988 年，第 547 页。

③ 巴尔扎克：《巴尔扎克全集》（第十一卷），北京：人民文学出版社，1988 年，第 547 页。

④ Roland Barthes. S/Z. trans. Richard Miller. New York: Hill and Wang, 1974, p. 112.

与恋物癖相比，更为严重的表现就是主体拒绝认同客观事实，有时甚至还会编造一些理由来搪塞自己，直到酿成悲剧。其实，萨拉辛几次可以获悉事情的真相，但他始终不愿意面对现实。第一次是在剧院门口，当萨拉辛受邀拜访赞比内拉时，一个陌生人提醒他："当心，法国老爷，这事儿性命攸关。红衣主教西科尼亚拉是赞比内拉的保护人，他可不喜欢开玩笑。"① 按照常理，他应该追问内情，他非但没问反而回答说："即使是死亡在家门口等着我，我只会走得更快。"② 第二次发生在赞比内拉的客厅，她手持匕首坚决拒绝了萨拉辛的求爱，还告诫他："你走吧，否则你以后会鄙视我的。"③ 萨拉辛把这当作女人的矜持，没有盘问，还对赞比内拉讲了一通火热的情话。第三次是在郊外的路上，萨拉辛和赞比内拉同乘一辆马车，赞比内拉告诉他说："我是个被诅咒的人，……我不准您爱我。"④ 萨拉辛以为她是在卖弄，狂热地吻了她。"如果我不是女人呢？"⑤ 赞比内拉暗示他说。萨拉辛根本不相信这个事实，还为自己编造了一套证据："你以为能够骗过艺术家的眼睛吗？难道这十天来，我没有如饥似渴地看你，仔细观察和欣赏你完美的体形吗？只有女人才有如此浑圆、柔软的臂膀，如此优雅的轮廓和线条。"⑥ 下车

---

① 巴尔扎克：《巴尔扎克全集》（第十一卷），北京：人民文学出版社，1988年，第545页。
② 巴尔扎克：《巴尔扎克全集》（第十一卷），北京：人民文学出版社，1988年，第545页。
③ 巴尔扎克：《巴尔扎克全集》（第十一卷），北京：人民文学出版社，1988年，第550页。
④ 巴尔扎克：《巴尔扎克全集》（第十一卷），北京：人民文学出版社，1988年，第551页。
⑤ 巴尔扎克：《巴尔扎克全集》（第十一卷），北京：人民文学出版社，1988年，第552页。
⑥ 巴尔扎克：《巴尔扎克全集》（第十一卷），北京：人民文学出版社，1988年，第552页。

之后，赞比内拉踩到了一条蛇并露出惊恐的表情，更是让萨拉辛认定她是女人。巴尔特在分析这些情节的过程中，概括出了萨拉辛所采取的推论逻辑："自恋的证据（我爱她，所以她是女人），心理学的证据（女人是柔弱的，既然赞比内拉是柔弱的，所以……），审美的证据（美是女人的专利，因而……）。这些虚假的论断能够联合起来并增强它们的错误，像海绵一样膨胀开来（或者形成一种省略的演绎推理）：美丽属于女人；唯有艺术家能够欣赏美丽；我是一个艺术家；所以我懂得美并且了解女人，等等。"① 这种带有强迫症的爱情心理学最终让萨拉辛投入了自我设计的圈套，使自我的欲望遭到了阉割。至于他的死是否带有谋杀的成分，这里不作更多讨论。

我们所关心的并非这部小说的情节，而是隐藏在其中的欲望的辩证关系，这也是巴尔特阅读的目的所在。在 1966—1967 年第 14 期研讨班中，拉康提出了他的幻象公式：$\$ \Diamond a$。这个公式我们可以有多种理解："欠缺的主体对对象 a 的欲望""被阉割的主体对对象 a 的欲望""因为对对象 a 的欲望而引起的对主体的阉割"，不管是哪一种理解方式，其实都意味着一个重要的结果，即对象 a 必然导致对主体的阉割。

三、阉割及其传染

所谓"阉割"，从生理学的角度来说，即对生殖器的故意损毁或切除；在精神分析领域，它是象征性的，指的是主体的欲望受到他者的压抑而处于无法释放的状态。根据弗洛伊德的理论，每个人早在幼年时期

---

① Roland Barthes. S/Z. trans. Richard Miller. New York: Hill and Wang, 1974, p. 167.

就已遭受这种命运。男孩和女孩首次发现彼此的生殖器就会产生不同的心理反应，对于女孩来说，她会因为自己不拥有阴茎而对男孩的阴茎产生一种既妒又羡的心理，从而背离自己的母亲而将自己的欲望投射到父亲身上。而男孩虽然拥有阴茎，但是从女孩身上他以为自己的阴茎随时会被父亲割除，所以对父亲心生怨恨而将自己的欲望投向母亲，还以为自己可以弥补母亲没有的阴茎。这就是我们通常所讲的"恋父"和"恋母"情结，弗洛伊德认为这是人类最基本的心理结构。在这一结构中，阉割恐惧无疑是最为核心的内容。

在自我与他者的关系中，阉割的发生并非以性别为基础，而是同两者之间的位置有关系，通常处于被动或不利地位的主体会遭到阉割。巴尔特认为小说《萨拉辛》拥有完整的性别结构：1. 拥有阴茎者，如叙述者、朗蒂先生、萨拉辛和他的师父布夏东；2. 体验阴茎者，罗什菲德伯爵夫人、朗蒂夫人和她的女儿玛丽亚尼娜；3. 体验阴茎并拥有阴茎者，作为同性恋者的菲利波和萨福；4. 不体验阴茎也不拥有阴茎者，阉歌手赞比内拉。这些不同类型的主体分别处在不同的位置，同一类型之中主体的位置也可发生变换。譬如在朗蒂家族中，朗蒂夫人为阉割男人的女人，她拥有上帝所赋予的一切特质：权势、魅力、威望，相对而言，她的儿子菲利波和朗蒂先生就是被阉割者；在叙述者和罗什菲德伯爵夫人、萨拉辛和赞比内拉之间这种位置关系摇摆不定，他们总是在主动与被动中挪移。总而言之，在巴尔特看来，阉割在这部小说中无所不在。

我们不妨以赞比内拉为线索展开分析。他从小就被切除了生殖器，经过调教后被送到阿根廷大剧院扮演女歌手供人们享乐，据说在教皇统治下的罗马因为不允许女人登台，所以这属于比较普遍的现象。赞比内拉是该剧院的当红明星，同时又被罗马城的红衣主教西科尼亚拉霸占，并成为他的玩偶。对于这样一个生理和心理遭到双重阉割的主体来说，爱情对于她无疑是一种奢望，当萨拉辛狂热地追求她并向她公开表白时，她拒绝说："请您从今以后忘掉这一时的疯狂。我敬重您；至于爱情，从我这儿您是得不到的。这种感情已经在我心中给扼杀了。我没有感情！"① 巴尔特在分析中认为，"阉割具有传染性，它能够感染它所接触的任何事物"②。萨拉辛求爱失败了，落入了自设的圈套，当真相被人揭开，他仿佛从噩梦中醒来，拔出宝剑想杀了赞比内拉，却无法下手。其理由在巴尔特看来，"欲望的丧失使阉歌手超越了生死，处于所有分类之外：如何去杀死一个无法分类者？一个僭越者？"③ 从符号学的角度来说，我们可以剔除分类，但是不可能消除差异，赞比内拉就是一个置于男人和女人之间的差异性符号。萨拉辛在将宝剑举过头顶的一刹那放弃了，不过作为一个欲望的主体，他并不能逃脱被阉割的命运，赞比内拉将这种病菌传染给了他，使他无比痛苦，痛苦的并不是因为会失去她，而是因为自己再也不可能去爱上任何女人："从今以后，爱和被人爱这两个词语对于我也像对于你一样，是毫无意义的了。从今以后，看到一个真实的女人总使我想到那个虚构的女人。"④ "爱情不复存在了！对任何欢乐，对种种的人类激情，我都已心如死灰。"⑤ 这种传染并未因他的死

---

① 巴尔扎克：《巴尔扎克全集》（第十一卷），北京：人民文学出版社，1988年，第552页。

② Roland Barthes. S/Z. trans. Richard Miller. New York: Hill and Wang, 1974, p.198.

③ Roland Barthes. S/Z. trans. Richard Miller. New York: Hill and Wang, 1974, p.197.

④ 巴尔扎克：《巴尔扎克全集》（第十一卷），北京：人民文学出版社，1988年，第558页。

⑤ 巴尔扎克：《巴尔扎克全集》（第十一卷），北京：人民文学出版社，1988年，第558页。

而结束，它在小说中继续扩散开来，从已死的萨拉辛身上传染给伯爵夫人，当故事的叙述者向她讲完这个故事之后，她也陷入了被阉割的境地，无法摆脱："您的故事使我对生活、对种种激情感到厌恶，而且这种态度短时间内不会改变。除了没有心肝的人，所有人类感情不都是以痛苦的失望而告终吗？"① 她再也没有激情兑现当初的承诺，主动放弃了同叙述者订立的契约，也通过这种方式将可怕的病菌传染给叙述者，使他的情欲无法得到满足。合上小说，这一阉割的链条还在继续向前伸展，那就是从故事中的叙述者传染给小说家巴尔扎克，再从巴尔扎克传染给巴塔耶，由巴塔耶传染给勒布尔，勒布尔又传染给了巴尔特，巴尔特自然也会传染给他的文本。

在《S/Z》中，我们会惊奇地发现这个符号"/"，它介于 S 和 Z 之间。如何来理解它们是把握这本书的关键。首先我们还是从小说的标题谈起，在巴尔扎克的原文中，萨拉辛名字中间的字母"z"，巴塔耶在引述时改写成了"s"，从而使"Sarrazine"变为"Sarrasine"。20 世纪的法国思想家们喜欢玩这样的文字游戏，譬如德里达依照"différence"（差异）生造了"différance"（延异），它既不是一个词也不是一个概念，而是介于两者之间的一个差异项，德里达通过它开启了自己的解构之旅。巴尔特认为巴塔耶对萨拉辛名字所作的这一细微变动也富含深意：相对于 Sarrasine 来说，Sarrazine 更像是一个圣名，从"s"还原到"z"并不是一种简单的字母替换，而是十分艰难的自我复归的过程，在复归的途中总是埋伏着无数的陷阱。所以在《S/Z》中，"/"就像是萨拉辛无法穿越的障碍物（不像一堵墙吗？），无情地阻挡着主体的返回。其次，从小说中的人物设置来看，萨拉辛和赞比内拉（Zambinella）是小说中的两个

---

① 巴尔扎克：《巴尔扎克全集》（第十一卷），北京：人民文学出版社，1988年，第 559 页。

核心人物，他们名字的首字母分别是"S"和"Z"。在萨拉辛眼里，赞比内拉聚美丽和才华于一身，是他梦寐以求的情人，自从看见她的第一眼起就爱得难以自拔。根据拉康的理论，这种爱源自于人内在的心理结构，遵循的是一种逆反的逻辑，即自我对他者的爱其实是对自我本身的爱，这种爱是一种幻影，一种根本无法达成的意愿。这种本体论的结构就注定了萨拉辛和赞比内拉之间的爱不能实现，"/"横亘在"S"和"Z"之间就像高耸的屏障。再次，从小说的情节来看，赞比内拉从生理到心理均遭受了阉割，她又将这种阉割传染给了萨拉辛。在萨拉辛的名字中间有个"s"，巴尔特认为这个"s"相对于其圣名中的"z"而言就是一种阉割。"/"在这里就像一面镜子，萨拉辛和赞比内拉通过这面镜子能够看到彼此的切痕。最后还有一种比较常见的解释，那就是在读者巴尔特（Barthes）和小说作者巴尔扎克（Balzac）之间也存在一种对照性关系，他们的名字中分别含有"s"和"z"。巴尔特的目的就是要解构经典的文本，推翻我们以往奉若神明的叙事模式，颠覆传统的批评和作者中心主义，将写作和阅读视为语言符号和能指的游戏。

他将"S/Z"置于《S/Z》一书中间的位置，这或许并非巧合而是有意为之。在符号学的层面上，它表征着阉割已经传染到文本，使文本的中心不再有可以言说之物而是彻底的空无。我们过去谈论文本，总是认为它传达着某种确切的意义，巴尔特认为这样的文本并不存在。文本本身只是语言的编织物，一个由能指所堆砌的空间，它无所负载。在《S/Z》中，他通过对欲望做精神分析就是要找到这把锋利的"阉割之刀"（"/"），从而终结意义的神话。当我们的阅读或写作不再以意义为旨归，那么剩下的就是自由的劳作。

四、小结

格雷厄姆·艾伦在一本小书中评价说:"在《S/Z》中,巴尔特完整阐述了他的文本理论,因此,从这部重要的作品开始,我们才充分看到巴尔特从叙事作品的结构分析转向了对于叙事,尤其是整体意义上的文学语言的后结构主义分析。"① 这种分析虽然不可复制,但是它给读者带来了革命性的东西,那就是新的阅读策略,它和传统的阐释学形同水火,我们甚至可以说,这种阅读策略使传统的阐释学终结了。

当然,围绕《S/Z》也有一些批评的声音。例如,乔纳森·卡勒就认为《S/Z》存在难以解决的内在矛盾:"它的分类明显低估了古典的、可读的文学,巴尔扎克就是这类文学的典型,但他的分析又赋予巴尔扎克的一部短篇小说以引人入胜并且强有力的复杂性。"② 菲利普·罗歇(Philippe Roger)也说巴尔特对《萨拉辛》的解读和绪论部分的表述存在较大差距,他对文本的分析总是摇摆不定。③ 这些批评尽管有一定的道理,却怎么也掩盖不了该书的价值,相反,它们只会使这本书变得更加重要。

---

① Graham Allen. Roland Barthes. London and New York: Routledge, 2003, p. 79.
② Jonathan Culler. Barthes: A Very Short Introduction. Oxford: Oxford University Press, 2002, p. 73.
③ 菲利普·罗歇:《罗兰·巴尔特传:一个传奇》,张祖建译,北京:中国人民大学出版社,2013年,第110页。

日本，符号与差异

> 一个异国形象，当它偏向于相异性，并将相异性再现为一个替换的社会、富含被群体抑制的潜能时，就是乌托邦式的。
>
> ——让-马克·莫哈:《试论文学形象学的研究史及方法论》

巴尔特生前曾到过希腊、瑞士、罗马尼亚、摩洛哥、埃及、美国、中国、日本等诸多国家，在这些国家中，他最喜欢且津津乐道的是日本。在 1966 年至 1968 年三年间，巴尔特受东京法日学院院长莫里斯·潘盖 (Maurice Pinguet) 的邀请，先后有过三次短暂的日本之行[①]。他参加了一些由官方组织的学术活动，游历了东京、名古屋、京都、大阪等地。

---

① 萨莫瓦约和铃村和成对于时间的表述略有不同。萨莫瓦约表述的时间是：第一次从 1966 年 5 月 2 日至 6 月 2 日，第二次从 1967 年 3 月 4 日至 4 月 5 日，第三次从 1967 年 12 月 17 日至 1968 年 1 月 10 日。铃村和成表述的时间是：第一次从 1966 年 5 月 2 日至 6 月 2 日，第二次从 1967 年 3 月 5 日至 4 月 5 日，第三次从 1967 年 12 月 18 日至 1968 年 1 月 10 日。参见蒂菲娜·萨莫瓦约:《罗兰·巴特传》，怀宇译，上海：华东师范大学出版社，2018 年，第 373—375 页；铃村和成:《巴特——文本的愉悦》，戚印平、黄卫东译，石家庄：河北教育出版社，2001 年，第 256 页。

在此期间，巴尔特记录了大量的生活见闻，收集了部分图片和卡片，与日本朋友进行了深入交流，充分接触了日本文化，对这个陌生的国家钦羡有加。"回到法国后，巴尔特不停地想返回到叫他感觉快乐的这个国家。"① 他甚至写信给潘盖，告诉他自己在巴黎是"烦恼之牺牲品"，希望潘盖能够在日本为他谋一份长期的工作。这一愿望虽然没有实现，但是巴尔特从未放弃对日本的怀念，他的著作《符号帝国》(1970)是题献给潘盖的，其实更像是献给日本的。晚年，他在《小说的准备》中还一再地提及这一文化空间。他之所以对日本念兹在兹，主要是因为"日本提供了一种文明之典范"②，这种文明和他所熟悉的西方文明恰好形成对照，更确切地说，它映照出了西方文明的弊病。

这些弊病主要包括片面地追寻意义，沉迷于解释，不假思索地发掘事物的本质或本源，将所有的一切都结构化、逻辑化和中心化，并且用理性的目光——当然，也包括上帝的目光——来审视这个世界。自柏拉图以降，这些观念在西方早就大行其道，它们不仅禁锢了人们的思想，而且窒息了文化的活力。归根结底，这些问题的产生主要源于"一神教"(monotheism)，即已在西方绵延了数千年的逻各斯中心主义和形而上学的传统。在从结构主义向后结构主义转变的过程中，包括巴尔特在内，很多理论家都意识到了这些问题，并且以不同的方式对这一传统进行解构，福柯采取的是谱系学和知识考古学的方法，德勒兹和德里达采取的是哲学的方法，拉康采取的是精神分析的方法，而巴尔特采取的是符号学的方法。他们每个人都野心勃勃，与传统势不两立。

---

① 蒂菲娜·萨莫瓦约：《罗兰·巴特传》，怀宇译，上海：华东师范大学出版社，2018年，第374页。

② Roland Barthes. The Grain of the Voice: Interviews 1062—1980, trans. Linda Coverdale. Berkeley and Los Angeles: University of California Press, 1985, p. 83.

巴尔特曾在《文论》中感慨："自本世纪以来，有多少为了真理的战斗呵，与此相应，也有多少此意义反对彼意义的名称的战斗呵，有多少面对符号的不确定而呈现的焦虑，多少试着稳固它们而生的规定呵！这完全是同一部历史，往往是血淋淋的，至少是激烈的，与真理、符号和文脱不开干系。"① 因为在传统的知识型中，符号是个封闭的统一体，其能指总是指向所指，它们之间有着从历史因袭而来的稳固关系，没有与所指毫无关联的能指，即便有这样的能指存在，那也是毫无意义的。而且，所指总是和圣言、真理、绝对精神等形而上的事物关联在一起，相对于能指，它有着高高在上的权威。在西方，几乎所有的符号学分析其目的均是为了揭示所指。因此，所指至上便成为逻各斯中心主义和形而上学的代名词。巴尔特的后结构主义要摧毁的就是这一根深蒂固的符号学传统。在这方面，"日本给予了他无数的'启发'，或者更好地说，日本为他提供了写作的情境"②。这种情境不只是浓郁的异国风情，更重要的是文化差异，因为日本的符号系统——至少在他看来——和西方的截然不同。因此，通过日本，可以更好地审视西方，揭示西方，进而为西方寻求变革的可能性。这就是巴尔特反复描述和征引日本的意图所在。

一、日本作为文本

日本文化孕育于日本列岛的自然风土，随着日本民族的发展，在广

---

① 罗兰·巴特：《文之悦》，屠友祥译，上海：上海人民出版社，2002年，第87页。
② Roland Barthes. Empire of Signs. trans. Richard Howard. New York: Hill and Wang, 1982, p. 4.

泛吸收外来文化特别是中国古代文化的基础上,逐渐形成了自身的特色。文学方面的和歌、俳句、物语、浮世草子等,戏曲方面的能乐、谣曲、歌舞伎等,绘画方面的浮世绘、大和绘等,都是日本文化的特有形式。巴尔特曾经阅读过伏尔泰、卢梭、皮埃尔·洛蒂(Pierre Loti)等关于东方题材的著作,对日本文化略有了解,尤其是借助铃木大拙和冈仓天心对日本文化的论述以及他本人的游历又深化了对日本的认识。但是日本文化博大精深,仅凭这些简单的工作不可能把握其精髓,尤其是对一个长期浸淫于西方文化之中的他者而言,巴尔特对此也有自知之明。他在《符号帝国》开篇就交代说:"如果我想虚构一个子虚乌有的国家,我可以给它杜撰一个名字,把它当作小说里的对象,创造出一个崭新的加拉巴恩(Garabagne),从而使我的幻想中不牵涉任何真实的国家。我可以……从世界的某个角落(遥远的地方)提取某些特征(语言学术语),并有意用这些特征组合成一个系统。我把这个系统命名为:日本。"① 这分明就是说,他对日本的论述其实羼杂了他本人的想象,他不是按照客观事实而是他自己的意图来描述日本、生产日本、建构日本。因此,日本在他的笔下只是一个迷离的东方镜像,这个镜像所折射的恰恰是巴尔特自己的文化心理。

戴安娜·奈特(Diana Knight)是国际知名的巴尔特研究专家,她在一篇评论性的文章中曾把他定位为"东方学家",认为他对东方的描述其实外在于东方,东方只是以一种间接的方式在场。② 这一评价可谓切中了巴尔特的本质。他毕竟摆脱不了西方文化的沉疴,以至于他对东方的

---

① Roland Barthes. Empire of Signs. trans. Richard Howard. New York: Hill and Wang, 1982, p. 3.
② Diana Knight. "Barthes and Orientalism", in Roland Barthes: Critical Evaluations in Cultural Theory, Vol. IV, ed. Neil Badmington. London and New York: Routledge, 2010, pp. 157—171.

言说和伏尔泰、皮埃尔·洛蒂等并无本质的区别，仍然是一种东方学的思维，用英国理论家齐亚乌丁·萨达尔（Ziauddin Sarder）的话说："其所关注的是西方的智识、问题、恐惧以及欲望，而这些都降临到一个虚构的按照惯例被称为东方的对象身上。东方是什么，这是一个多变的、不确定的一览表，东方是某物，其等同于作家、题写者、或者假想的观察者那时所欲使之意味的或想使之成为的事项。"① 巴尔特说得非常明确："东方于我无关紧要，它只是为我提供了一套可供操作的特征——其被发明出来的相互作用——容许我'沉浸'在这套前所未闻的符号系统的理念之中，它和我们的符号系统全然不同。"② 这就是他在表述东方时的策略性定位。具体到作品而言，这一定位涉及到他持守的态度、选取的对象以及处理这些对象的方法，所有这些形成一种既复杂而又微妙的文化关系。但不管怎样，其落脚点最终还是西方。

在方法上，巴尔特是将日本视为文本。这点，他在接受《快报》（*Express*）的访谈时说得再明确不过："日本使我感兴趣的是一个略带伦理性质的老问题，即我和符号的关系。因为我把日本作为文本来阅读。"③ 文本的特征主要在于：其一，它与外在的现实无涉。德里达说"文本之外别无他物"，即强调文本与外在世界是断裂的，文本所指向的只是语言符号本身或者其他的文本；其二，文本是动态的、开放的、多元的。它不同于作品，作品是个封闭的结构，它有自己稳定的中心；而文本是无限开放的，任何文本都不具有确定性的意义；其三，文本是一

---

① 齐亚乌丁·萨达尔：《东方主义》，马雪峰、苏敏译，长春：吉林人民出版社，2005年，第19页。
② Roland Barthes. Empire of Signs. trans. Richard Howard. New York：Hill and Wang，1982，p. 3.
③ Roland Barthes. The Grain of the Voice：Interviews 1962—1980. trans. Linda Coverdale. Berkeley and Los Angeles：University of California Press，1985，p. 98.

种生产力。它不是某一工作的产品,而是生产的场所或过程。文本写完了,它还可以被不断地生产。其四,文本是互相指涉的。巴尔特将它比喻为"织物",即强调文本是个网状结构,一个文本总是指向另一个文本,文本和文本之间形成一种你中有我、我中有你的互文关系。巴尔特将日本视为文本,既巧妙地回避了自身的弱点——他对日本拥有的只是有限的知识,又为自己的想象留置了空间——既然文本无关于外在现实,那么他就可以按照自己的意图进行生产,至于他生产出来的日本与真实的日本之间能否对应,这一问题无关紧要,重要的是他是如何生产以及生产了什么。

其生产的过程大致可概括为三个方面:一是对日本的符号化。他提到了日本语言、菜肴、筷子、弹球游戏、车站、建筑、文具店、礼仪、书法、俳句等,几乎涵盖了从日常生活到文学艺术的方方面面,既有通俗的,也有高雅的;既有微末的,也有宏大的。它们作为符号,被巴尔特用来表征日本和日本文化。二是对这些符号的文本化。巴尔特用文本的方式书写日本,同时他也以这种方式讨论符号。譬如,他在谈到日本料理时说:"日本料理看起来如此:一种被书写的食物,它依赖分开和选择的动作,这些动作不是把食物放入餐盘,……而是嵌入一个将人、桌子和宇宙等级化的深广的空间中。因为书写正是这种活动:在类似的劳作中,将那些在扁平的空间中不能被理解的东西结合起来。"[①]也就是说,这些食物在结构上是松散的,它们并不围绕某个主题展开,我们也不能强行赋予它们某种总体性。如果说它们是一种"书写",那么这种书写不是单义性的,而是多元的、开放的,它和人、桌子以及外在的世界形成映照。巴尔特还提到了日本一道有名的炖菜:鸡素烧(sukiyaki),其原

[①] Roland Barthes. Empire of Signs. trans. Richard Howard. New York: Hill and Wang, 1982, p.14.

料比较简单，主要是鲜肉加各种时蔬。吃时，先将火锅煮沸，然后边吃边往里面添生菜。巴尔特认为这道菜本身就像文本，因为所有的材料都是随机的、零散的组合，它们在餐桌上彼此装饰，没有中心。就餐时，人们也可以随心所欲地选择吃什么。况且，这道菜还可以没完没了地吃，没完没了地做，就像文本那样可以绵延不断地写。三是各种文本的相互对话。在《符号帝国》中，巴尔特除了自己的论述之外，还插入了各种图片、卡片、引文、便签，其作者或拍摄者涉及汉斯－D. 韦伯（Hans-D. Weber）、皮埃尔·拉姆巴赫（Pierre Rambach）、A. 格里威尔（A. Grivel）、丹尼尔·科迪尔（Daniel Cordier）、尼古拉斯·鲍威尔（Nicolas Bouvier）等，这些形式各异的文本相互交织，形成符号的交响。

二、符号系统的差异

巴尔特基本上是采用东西互照的方法讨论这些符号。在各个部分，他在对这些符号展开描述的基础上，总是不忘将它们和西方文化进行比较。比如在讨论弹球游戏时，他首先交代了日本弹球游戏的玩法以及游戏厅中的热闹景象，然后将它和西方的同类游戏进行对比。巴尔特说："西方机器是主张穿刺的符号体系：它的目的是用精心设计的一击，占有游戏台上那个挑逗你、等待你的招贴画上的美女。在弹球游戏中，完全没有性欲（在日本——在这个我称之为日本的国家——性欲只存在于性中，而不是别处；在美国，恰恰相反；性无处不在，但就是不在性欲之中）。"[1] 日本人玩游戏纯粹是为了放松和娱乐。从这个例子可以看出，

---

[1] Roland Barthes. Empire of Signs. trans. Richard Howard. New York: Hill and Wang, 1982, pp. 28－29.

巴尔特在描述这些符号时抱持的是一种艳羡的心理，他不仅欣赏日本文化，而且觉得日本文化比西方文化优越得多。这种态度所导致的结果就是，对应于日本文化的正面增值，西方文化被不断地否定和贬低。巴尔特在接受媒体采访时曾直言不讳地说："就像我们中间的许多人一样，我对我们的文明极度反感，甚至到了恶心的地步。"① 相反，"我从日本生活的某些特征中读出了某种意义的规律，这种规律几乎是理想化的。在我的研究中，我也持续在各个不同的领域讨论符号、意义和意指过程，我本人拥有一套符号和意义的伦理学，这点再也自然不过"②。这套伦理学几乎是他转向后结构主义阶段以后，其解构思想的集中体现。就内容而言，主要包括以下几个方面：

其一，免除意义。根据索绪尔的语言学理论，意义产生于两个相关词项之间的对立，而这一对立并不是平等的，其中总是一项压制另一项，并且有着高高在上的权威。在《罗兰·巴尔特谈罗兰·巴尔特》中，他举了这样几个例子：俗套与革新，疲乏与清新，厌恶与爱好。③ 在这些对立中，我们总是倾向于用后项来否定前项，这就是潜藏在语言结构中的意识形态。再者，按照西方理性主义传统，所有那些接近本源、接近上帝、接近心灵的事物在二项对立中均处于优先的位置，都是被首先肯定的对象。巴尔特在《文论》中将这一现象称之为"逻各斯中心主义"或"形而上学"。由此可见，意义并不是清白无辜的，它的产生本身就是意识形态和形而上学的体现。只要有意义的地方，就可能有意识形态存

---

① Roland Barthes. The Grain of the Voice: Interviews 1962—1980. trans. Linda Coverdale. Berkeley and Los Angeles: University of California Press, 1985, p. 83.
② Roland Barthes. The Grain of the Voice: Interviews 1962—1980. trans. Linda Coverdale. Berkeley and Los Angeles: University of California Press, 1985, p. 83.
③ Roland Barthes. Roland Barthes by Roland Barthes. trans. Richard Howard. Hampshire and London: Macmillan Press, 1977, p. 68.

在,逻各斯中心主义和形而上学也会如影随形。巴尔特在重审西方传统时发现,西方的心理总爱解释,总是在不断地寻求意义,这种教条主义不仅固化了人们的思维,而且窒息了文化的活力。他在阅读日本俳句时发现,日本和西方截然不同,日本人不但不追求意义,甚至还有意识地搁置意义。如松尾芭蕉的名句:"我沿着山路走来/啊!多么美妙!/一朵紫罗兰!"(《山路》)巴尔特认为这是绝妙瞬间的真诚记录,是不带评论的视景,它源于人们的日常生活,明白易懂,根本就无需解释。如果有人硬是要解释的话,那么错失的恰恰是俳句艺术本身。"俳句的任务就是在一种供人阅读的完美的话语中消除意义。"[①] 在《符号帝国》一书中,巴尔特还以禅宗为例,他认为整个禅宗的重要任务就是要制止语言,进而切断意义的通道。如禅宗从不妄下断语,说这是 A——这不是 A——这既是 A 也是非 A——这既不是 A 也不是非 A。当面对这样的是非判断时,始终保持缄口不言,这就是禅宗抑制意义的方法。历代高僧虽然也经常开口说话,但在遭遇到这样的问题时也总是"答非所问"。巴尔特认为这些都是对意义及其生成机制的无情嘲弄。通过这些例子,他得出结论:东方的符号是空的,它们既没有意识形态的负载,也没有形而上学的威权充斥其中,因此是他心目中的理想符号。从他的首部著作《写作的零度》(1953)开始,他就一直在苦苦寻求这样的符号。

其二,祛除深度。所谓"深度",在西方文化史上就是"本质""本源""始基",这些被认为是事物构成中最基础性的东西。从早期自然哲学家到原子论哲学家,从经院哲学到唯理论哲学,从启蒙思想家到新康德主义、新黑格尔主义,哲学家们从未放弃对这些基础性的东西的思考。他们习惯于将世间事物划分为内与外、本质与现象、意志与表象、真理

[①] Roland Barthes. Empire of Signs. trans. Richard Howard. New York: Hill and Wang, 1982, p. 81.

与谬误……所有那些接近于真理、接近于理性、接近于本质、接近于心灵的事物都被认为是它的本质。这一对深度的刻意追求既是西方理性中心主义,也是形而上学的集中体现。巴尔特在欣赏日本文乐木偶戏的过程中发现,"文乐木偶戏既不隐藏什么,也不渲染它的表现手法;因此,它清除了演员表演中的一切神圣意味,并且摒弃了戏剧与形而上学的联系,而西方人总是要在身体与灵魂、原因与结果、动力与机制、经理与演员、命运与人、上帝与创造物之间建立起这样一种联系:假如操纵者没有隐藏起来,那么你为何——以及怎样——把他变成一位上帝?在文乐木偶戏里,木偶没有那些操纵线。这里没有操纵线,所以也就没有什么隐喻,没有什么命运。既然木偶不再模仿生灵,所以人也就不再是神灵手中的木偶,内不再命令外"①。西方从文艺复兴开始,舞台总是被看成是梦幻的场地,人们蹲坐在剧院里就是为了欣赏故事情节以及这些情节中人物的命运,有时甚至沉浸其中,而遗忘了道具、演员、化装等戏剧得以形成的基本要素。巴尔特批评这样的剧院是"神学的领地",是"罪恶之所"。相对于西方的戏剧而言,日本的文乐木偶戏削平了表演的深度,使所有一切都尽在眼前。

其三,去中心化。"中心"不仅是相对于"边缘"而言的,它还是使事物得以凝聚的核心。中心的功能是用以引导、组织和结构事物的,在那里,各种内容、组成成分以及要素的替换变得根本不可能。我们赋予事物一个中心,就是赋予它一个结构,就是将这一事物置于一个封闭的系统之中。中心不仅阻断了各部分的循环,而且将这一事物秩序化和逻辑化了。在西方哲学史、思想史等诸多领域,就存在各种各样的中心。德里达在美国约翰·霍普金斯大学举办的国际学术会议上发表的演讲中,

---

① Roland Barthes. Empire of Signs. trans. Richard Howard. New York: Hill and Wang, 1982, p. 62.

就严词斥责说:"对于某种关于结构的古典思想来说,中心可以悖论地被说成是既在结构内又在结构外。中心乃是整体的中心,可是,既然中心不隶属于整体,整体就应在别处有它的中心。中心因此也就并非中心了。中心化了的结构这种概念——尽管它再现了连贯性本身,再现了作为哲学或科学的认识之前提——却以矛盾的方式自圆其说。"① 巴尔特作为本次大会的实际参与者,深受德里达这一思想的影响。在《S/Z》(1970)中,他就有意识地瓦解传统的作者中心论,运用几种不同的符码对巴尔扎克的小说《萨拉辛》展开分析。在同一时期的著作《符号帝国》中,巴尔特再次重拾这一主题,不过这次他讨论的不是小说而是城市设计,借此批判西方的中心主义思维。在西方,几乎每座城市都有它的中心,而且这些中心总是被安排得满满的,政治的、经济的、文化的,各种各样的事物都向这个中心汇聚,使它成为精神的场所、真理的场所、神圣的场所,去市中心就如同去朝圣、去接受物质和精神的洗礼。可巴尔特在游历日本后认为,东京虽然也有一个中心,但这个中心却是空的。这座城市把一个既是禁城又无人关心的场所围在中间,天皇住在里面,却无人能够见到,因此它是"神圣的空无"②,这种空无不是为了炫耀权力,而是为了以其中心的空洞来支撑整个城市的运动。由此,巴尔特认为日本的思维模式和西方的截然不同。

可事实果真如此吗?我们稍加分析就会发现,这不过是巴尔特想象和建构的日本而已,其中牵强附会的成分居多。譬如,他对日本俳句的讨论基本是意向性的,即以自己的观念来图解它,在使之奇观化的同时

---

① 雅克·德里达:《书写与差异》(下册),张宁译,北京:生活·读书·新知三联书店,2001年,第503页。

② Roland Barthes. Empire of Signs. trans. Richard Howard. New York: Hill and Wang, 1982, p. 32.

成为可资借鉴的知识。与俳句密切相关的禅宗不但不否定意义，而且致力于形而上的意义追求，即精神超越。历代高僧之所以答非所问，并不是为了堵塞意义的通道，而是避免落入语言的窠臼，若执着于语言文字，则打消了自家性灵，截断了向上的仙路。正所谓："法神无相，不可以音声求。妙道亡言，岂可以文字会？纵使超佛越祖，犹落阶梯。直饶说妙谈玄，终挂唇齿。须是功勋不犯，影迹不留，枯木寒岩，更无津润，幻人木马，情识皆空，方能垂手入鄽，转身异类。"① 日本东京和西方城市并无实质性的区别，它也拥有自己名副其实的中心，即皇城，所有的一切都向这里汇聚。皇城本身就是权力的象征。在日本文化中，各种中心主义的观念同样大行其道。形象学认为，在按照自身或社会需要重塑异国现实的意义上，所有的形象都是幻象。日本对于巴尔特而言，就是如此。不过，幻象并不是空幻无用的，特别是在跨文化沟通的过程中，它具有颠覆群体价值、反观自我的功能。巴尔特借助日本这个幻象，在肯定他者的同时揭露了自身文化的弊病，而这才是他的根本用意，也是《符号帝国》一书的价值所在。

三、俳句与"小说的准备"

进入法兰西学院以后，巴尔特对日本依然念念不忘。特别是在最后两期研讨班（第一期从1978年12月2日至1979年3月10日，第二期从1979年12月1日至1980年2月23日）上，在讨论"小说的准备"时，他再次将日本作为理论参照的对象。所谓"小说的准备"，即巴尔特为创

---

① 普济：《五灯会元》，苏渊雷点校，北京：中华书局，1984年，第917页。

作一部名为《新生》(Vita Nova)的小说的总体理论构想。在西方文学史上，但丁和米什莱都写过同名作品，但丁写作《新生》是在他心仪的女孩去世之后，在他那段刻骨铭心的爱情终结之后，米什莱是在他晚年迎娶小他30余岁的阿黛娜伊斯·米亚拉海之后，巴尔特将他们的写作动机概括为"在人生的中途"——这是但丁在《神曲·地狱篇》开篇的第一句诗，它预示着必要的转变或重生。巴尔特在经历丧母事件之后，认为自己也来到了人生的中途。① 为了从"崩溃"和"绝望"的状态中恢复过来，他开始构思小说《新生》，试图以文学或写作的方式自我疗救。可是，与但丁和米什莱不同，巴尔特并不打算完成这部小说，而是想将自己的思考推进到它呼之欲出的状态，即致力于小说的整体构思，他将这一过程命名为"小说的幻想式"(la forme fantasmée du roman)。它有一个基本原则，那就是这部幻想中的小说应该是至善的，除了显示作者的生活之外，别无他图。

在巴尔特看来，普鲁斯特的小说《追忆似水年华》就是此类作品，与其说它是一部小说，不如说它是关于小说的小说，即"元小说"。巴尔特钟爱这部作品，但是他并不想像普鲁斯特那样把构思的基点放在过去，因为他觉得自己的过去是不堪回首的——幼年丧父；从小家境清贫；从中学开始结核病便反复发作；大病初愈后，他为谋生又辗转漂泊；熬至现在，他敬爱的母亲又去世了，这些都是他内心的伤疤，不愿再去提起，所以他想把构思的基点放在现在。怎样使现在变得真实呢？回顾传统的现实主义小说，尽管它们也将目光集中于现在，但它们所描述的现在往

---

① 巴尔特的母亲埃丽昂特·班热(Henriette Binger)于1977年10月26日去世，她的死对巴尔特的打击很大，他在日记中反复写道："我越来越感到不幸，我哭了""我深深地绝望了""我崩溃了"……，这些集中反映了巴尔特丧母之后的悲痛心情。详请参见：Roland Barthes. Mourning Diary：October 26，1977—September 15，1979. trans. Richard Howard. New York：Hill and Wang, 2010.

往是虚幻的，是作家构想的现在，这样的现在和过去与未来其实并没有实质性的区别。巴尔特所思考的现在就是当下，就是正在发生的火热生活，对于作家或者作者来说，只有留住这样的当下、记录下这样的生活，才是至善的。而要做到这一点，必须借助于随记。所谓"随记"（notation）就是"即景写作"或"即事写作"，即以片断的形式记录下生活的每个瞬间或者每个偶然事件。评价随记的基本原则，通常是看它忠实与否，只有忠实于生活或者事件本身，这样的随记才是至善的。也只有当这些随记是至善的，由它们所构成的小说才可能是至善的。这就是巴尔特的构思原则，在这一原则中，随记的至善显然是构成小说至善的必要前提。那么，接下来的问题是如何确保随记的忠实性呢？巴尔特给出的答案是采取零度写作或中性写作。因为只有采取这种写作方式，才能悬搁作者的意图，从而让生活或事件本身完整地呈现出来。否则，它们的本来面目会被各种各样的意图所遮蔽。

巴尔特在阅读日本俳句时发现，日本俳句就是典型的随记艺术："俳句＝现在之随记的典型形式＝最小的陈述行为，超级短小的形式，原子式的句子，它记录（标志，描绘，颂扬：赋予一种评价）'真实的'、当下的、共时性的生活中的一个小小要素。"① 如正冈子规的俳句："山茶花啊/落了一朵/落了两朵。"② 这是日常生活中的一个精妙的瞬间，诗人面对山茶花的凋落深有感触，便以直白的语言记录下这一过程。可问题是，这首俳句采取的果真是零度写作或中性写作吗？不是。从美学上说，这首诗是"物哀"（もののあわれ）的集中反映。所谓"物"，指诗人的

---

① Roland Barthes. The Preparation of the Novel. trans. Kate Briggs. New York: Columbia University Press, 2011, p. 23.
② 正冈子规、夏目漱石等:《日本近代五人俳句选》，林林译，北京，外国文学出版社，1990年，第11页。

所见所闻；所谓"哀"，即对这些所见所闻发出的感叹，它一方面相当于汉语中的"啊""呀""哎呀"；另一方面也带有哀怜、惋惜的意思。表面上，正冈子规是用直白的语言描述山茶花的凋谢，其实他也是在借景抒怀，感叹生命和美的易逝。由此可见，俳句并非像巴尔特所理解的那样清白无辜，它看似直白的语言背后其实藏有深意。

不过和早期相比，巴尔特对俳句的理解已有了很大的进步。譬如，他认为俳句是一种瞬间记录的艺术，并且将这种艺术和普鲁斯特的小说创作展开对比，巴尔特认为普鲁斯特是在事情发生之后通过非自觉的记忆找回逝去的时间，而俳句是在当下、即刻就发现了时间。在俳句的写作中，记录和吟诵往往同时发生，感受和写作会产生直接的果实，他由此把这种写作称为"瞬间的绝对写作"①。其突出特征是：始终留住鲜活的瞬间。巴尔特说："这个瞬间似乎也是为了表明：当我们重读它时提请记忆。瞬间蕴藏着珍贵的使命：'明天，记忆。'"② 也就是说，这样的瞬间既是值得记忆的瞬间，也是弥足珍贵的瞬间，在俳句的写作中，必须将它留住。这种观点和日本"俳圣"松尾芭蕉的观点刚好印合，松尾芭蕉说："飞花落叶，飘然落地，若不抓住飘摇之瞬间，则归于死寂，使活物变成死物，销声匿迹。"③蕉门弟子和其他俳人在创作中都努力抓住这样的瞬间。巴尔特在研讨班上还从跨文化的角度谈到了俳句的翻译。他认为一些翻译家把俳句 5—7—5 的诗节翻译成法文诗的做法是毫无意义的，因为法国读者不可能像日本读者那样能够准确把握到每个韵律、

---

① Roland Barthes. The Preparation of the Novel. trans. Kate Briggs. New York: Columbia University Press，2011，p. 23.
② Roland Barthes. The Preparation of the Novel. trans. Kate Briggs. New York: Columbia University Press，2011，p. 49.
③ 转引自大西克礼：《日本风雅》，王向远译，长春：吉林出版集团有限责任公司，2012年，第21页。

节拍的诗学含义，它们是日本文化长期积淀的结果，即便将它们硬译过来，也淡然寡味，难以传达俳句的精妙。这些都是别有意味的讨论。

但问题是，随记都可以像俳句那样写吗？巴尔特将随记和俳句进行类比，考察的主要是它们的表达方式，而不是它们的韵律和节奏。随记不可能像俳句那样富有韵味、朗朗上口，但是随记可以像俳句那样直白、准确地描述对象本身。如果能够做到这点，那么接下来的问题就是：如何将这些散落的片断汇聚成小说？巴尔特在研讨班上提出了两种不同的解决方案：一种是"相册式写作"，即在写作的过程中，作者根本不考虑作品的完整性，而是像相册一样随机地记下生活中的一个个细节、一个个瞬间，然后又将它们随机地组合在一起。为了肯定这种写作的价值，他把"相册"和"书"进行了对比。"书"通常是总体性和逻辑性的代名词，我们在一本书中总是试图表达一个主题，而这个主题又往往是逻各斯中心主义和形而上学的体现。因此，巴尔特要彻底否定它，解构它，由此，他用"相册"贬抑"书"，认为将来能够留下来的只会是"相册"而不是"书"，或者更确切地说，"相册"是属于未来之书。另一种是"片断缝接式写作"，这种写作和相册式写作没有本质的区别，它也是以片断为基础，将这些毫无秩序、散乱的片断随机地缝合在一起，像织锦一样，形成色彩缤纷的不像"书"的书。巴尔特的很多作品，特别是他转入后结构主义阶段以后的作品，是这两种写作方式的生动体现。总体而言，他的这些理论和实践表明，他既是一个文学上的纯洁派，也是一个思想上的叛逆者，他的重要性因这些作品变得无可取代。

四、小结

过去，我们习惯在单一的文化语境（即西方文化语境）中解读巴尔特，其实他的视野非常开阔，至少从《神话学》（1957）开始，他就有意识地论及他者，并从跨文化的角度展开分析。① 随后，他的跨国旅行又增强了他异趣沟通的能力。和前辈作家比较，他在面对东方特别是日本时，并没有完全将它欲望化，而是以一种积极的、肯定的态度面对这个异文化的他者。但是，一方面由于文化的隔阂，他不可能真正理解这个他者；另一方面由于他始终无法摆脱自身的文化模式，所以他在面对日本时仅仅依从自身的需要进行想象。由此，日本在被他符号化的同时，也成为了他心中的幻影。"巴特记述的日本与现实中的日本并不对应，而是他所寻找的、投射于自我幻觉中的媒介。"② 可是对于他来说，日本的用途又是多方面的。首先，日本赋予了他某种写作的勇气③；其次，通过对日本的"借镜"，他进一步揭示了西方文化的弊病，并给出了疗救的可能性方案；最后，也是最为重要的，当他以文本的方式来处理日本时，他感受了书写的无比自由和乐趣。总而言之，日本是一道"开胃菜"，在巴尔特的拼盘中它虽然并不处于核心的位置，但无论如何，它是不可缺少的。后来，他的足迹尽管遍布世界各地，可他再也没有以如此温馨的笔触来论及他者。

---

① 比如《神话学》中"作家度假""失去的大陆""人类的大家庭"等部分。详请参见：Roland Barthes. Mythologies. trans. Annette Lavers. New York: Hill and Wang, 1972, pp. 29－31, pp. 94－96, pp. 100－102.

② 铃村和成：《巴特——文本的愉悦》，戚印平、黄卫东译，石家庄：河北教育出版社，2001年，第220页。

③ 巴尔特在接受《法国文学》的采访时说："法国赋予了我某种写作的勇气。"详请参见：Roland Barthes. The Grain of the Voice: Interviews 1962—1980. trans. Linda Coverdale. Berkeley and Los Angeles: University of California Press, 1985, p. 158.

音乐、嗓音和快感的诗学

一个基本的事实——音乐死了,而且为了给正在发生的"当下"增光添彩而不得不死——在我们消极的音乐文化中被系统地加以否认,就像对死亡的否认一样。其结果就是造成了情感强度的缺乏。

——伊凡·休伊特:《修补裂痕:音乐的现代性危机及后现代状况》

音乐是巴尔特生活中非常重要的组成部分。1973 年,当《世界报》的记者问及他对于空间的癖好,巴尔特自我调侃说他作为一个结构主义者喜欢在卧室里工作,不过家中还需两个独立的房间:一间用于绘画,一间练习音乐。"我每天弹钢琴,大致都在相同的时间:下午两点半。"[①]这一习惯可以追溯到他的童年,当其父路易·巴尔特在海战中遇难后,他的母亲埃丽昂特便带他回到了老家巴约纳,与祖母和终生未嫁的姑姑生活在一起。他的姑姑艾丽丝是当地一所中学的音乐老师,她从小就教巴尔特弹钢琴。在一个中产阶级的家庭里,音乐不仅仅是一门优雅的艺

[①] Roland Barthes. The Grain of Voice: Interviews 1962—1980, trans. Linda Coverdale. Berkeley and Los Angeles: University of California Press, 1991, p. 180.

术，更是一种必不可少的生活氛围。巴尔特就在这样的氛围中长大，他喜欢伟大的音乐家舒曼和贝多芬，还有法兰西歌剧。他却从来不炫耀自己的艺术才华，尽管他在音乐方面已经具备很高的素养，可他始终坚称自己是个"业余爱好者"。在他看来，"业余爱好者的最大好处就是他不会陷入幻想曲目之中，不会导致自恋"①，而且可以对音乐展开独立的思考。从1970年开始，巴尔特先后写过一系列评论文章，如《音乐实践》《嗓音的颗粒》《音乐、嗓音、语言》《浪漫歌曲》《喜爱舒曼》《快速》，由于这些文章散落在不同的文集之中，所以很少受到人们的重视。其实，这些文章在旨趣上是一致的，它们集中体现了巴尔特独特的音乐美学观念。

一、音乐实践

密纹唱片的出现是音乐史上的重大变革。它不仅改变了传统的音乐欣赏和传播方式，而且对于人们的音乐实践也造成了深远的影响。在此之前，无论是家庭内部的小型音乐会，还是在音乐厅里举办的大型音乐会，听众与演奏者之间的关系都是即时性的，他们与音乐之间所结成的也是一种在场性的关系。这种即时性和在场性既有利于强化听众的膜拜心理，同时也有利于营造仪式化的欣赏氛围。更为重要的是，它能够增强听众对音乐的主题、旋律、曲调和节奏的切身感受。当密纹唱片出现

---

① Roland Barthes. The Grain of Voice: Interviews 1962—1980. trans. Linda Coverdale. Berkeley and Los Angeles: University of California Press, 1991, pp. 216—217.

之后，这一切都改变了，"因为它已完全被商品生产所吞没"①。有了现代化的录音技术，即便没有演奏者，人们照样也能够欣赏到各种音乐，而且这些音乐还有一个最大的优点——可以被随时翻录和反复播放。音乐演奏的即时即地性慢慢消失了，随之消失的当然还有艺术的"灵韵"（aura），这就是现代性对音乐所造成的冲击。

1979年，巴尔特在为马塞尔·博菲斯（Marcel Beaufils）的著作（《舒曼的钢琴音乐艺术》）撰写的序言中对音乐领域的现代性直言不讳地展开了批评。在他看来，由于有了唱片，音乐演奏便成了一种缺乏激情的表演，这种表演没有失败，排除了一切偶然，在音乐和听众之间凝定的是一个冷漠的、僵化的空间。这种音乐作用于耳朵，却远离了人的整个身体。其中根本性的变化，就是倾听音乐与实践的脱节。在整个19世纪，音乐演奏虽然属于有闲阶级的活动，但是这种活动相当普遍，总的来说，是为了让人们和活生生的音乐结合在一起。到了20世纪，音乐和演奏分离了，音乐欣赏逐渐转变成扬声器中的声学现象。"演奏已经不复存在了；音乐活动从此不再是手工的、肌肉活动的、具有肌体塑造能力的，而仅仅是流动的、喷涌的，用巴尔扎克的一个词来形容，就是'润滑的'（lubrificating）。"②

在这样的艺术语境中，要想再现音乐的动人魅力，巴尔特认为听众还是需要像以前一样，积极参与音乐实践。"我自己开始听贝多芬的交响乐的时候，就是从与一位像我一样喜欢音乐的亲密伙伴一起用四只手弹

---

① 伊凡·休伊特：《修补裂痕：音乐的现代性危机及后现代状况》，孙红杰译，上海，华东师范大学出版社，2006年，第196页。

② Roland Barthes. Image, Music, Text. trans. Stephen Heath. New York: Hill and Wang, 1977, p.149—150.

奏钢琴起步的。"① 他认为演奏音乐是一种迥然有别于聆听的手工活动，此时身体端坐在键盘和乐谱前面，演奏者调匀自己的呼吸，手指追随着音符在键盘上腾挪跳跃。"这是一种肌肉的音乐；其中，听力所感知的只是一种确认的部分：这就好像是身体在听，而不是'灵魂'在听；这种音乐并不'以心'来演奏。"② 当然对于普通听众来说，要想如此完美地演奏音乐实不可能。巴尔特在他的自传性著作《罗兰·巴尔特谈罗兰·巴尔特》中就描述了自己的状态：在初学钢琴的时候，由于将指法简单地理解为与所弹奏的音符相互对应的过程，而忽略了音乐的曲调、旋律和节奏，所以每一次都会犯错。不过，他认为这无关紧要，重要的是需要不断加强练习。他提醒广大爱好者（听众），"就像众神对俄耳甫斯的告诫：不要回头，不要过早地考虑您的演奏效果"③。更何况，人们尽管想却根本不可能达到完美的状态，音乐的演奏就像一段幻觉。

舒曼素有"诗人音乐家"的美誉，他在音乐道路上主要继承了舒伯特的传统，进一步丰富和发展了钢琴伴奏的表现方法。无论是他早年的钢琴协奏曲和浪漫幻想曲，还是后来陷入精神疯癫之中的作品，巴尔特均珍爱有加。他认为"舒曼的调性是简单的、轻装的；他的调性没有肖邦用以装饰自己的调性（尤其是在《玛祖卡舞曲》[mazurkas] 中）的那样美妙的矫揉造作。但是，准确地讲：他的朴实是一种要求：对于舒曼的许多片段，调性的铺展具有无限的振动，直至使我们疯狂的唯一一种声音的价值；在这里，主音不具有一种'宇宙的开口'（就像《莱茵河的

---

① Roland Barthes. The Responsibility of Forms. trans. Richard Howard. Berkeley and Los Angeles: University of California Press, 1985, p. 294.
② Roland Barthes. Image, Music, Text. trans. Stephen Heath. New York: Hill and Wang, 1977, p. 149.
③ Roland Barthes. Roland Barthes by Roland Barthes. trans. Richard Howard. Hampshire and London: Macmillan Press, 1977, p. 70.

金色》[Or du Rhin]的第一个降 E 的开口一样），而更具有一种密实的整体，该整体在加重、在要求、在强加它的孤独，直至成为摆脱不掉的烦恼"。① "对于舒曼的某一段音乐，在我演奏（近似演奏）它的时候，它就激起我的热情，而当我用唱片听的时候，它就使我失望：这时候，它就神秘地显得乏味、不完整。我认为，这并不是因为我的自负造成的。这是因为舒曼的音乐走得比耳朵还远；它借助于节奏进入身体、进入肌肉，而借助于它的情节剧的快感进入内脏；就好像每一次那一段都只是为一个人即演奏它的人所写的；舒曼式的真正钢琴演奏家，就是我。"②

在对贝多芬的分析中，巴尔特又赋予了音乐实践更为深广的理论内涵，即听众的音乐实践不仅是对照着乐谱演奏，它也是一个艺术创造的过程。他认为贝多芬早期的音乐，如献给华尔斯坦的《骑士芭蕾》和《F小调前奏曲》，虽然充满了各种强度的对比，但是对听众而言，它是可以被理解的；当贝多芬丧失听力之后，他的音乐由钢琴与强奏的乐段之间的对立迅速升格为复杂的命运交响。在巴尔特看来，掌握此时的贝多芬不能单单依靠听觉或者演奏，而是需要"创造性的解读"。"这意味着，不论是抽象地掌握或是从官能上掌握，都不重要，而是应该面对这种音乐将自己放在一个操作者（preformateur）的状态或最好说活动之中，这种操作者懂得移动、重组、组合、安排，总之一句话（如果不是过分使用的话）：赋予结构（这一点与传统意义上的建构或重新建构区别很大）。就像对于一个现代的文本的解读（至少像我们可以假设、可以要求的那样解读）不在于接受、认识或重新感受这个文本，而是在于重新写作这

---

① Roland Barthes. The Responsibility of Forms. trans. Richard Howard. Berkeley and Los Angeles，University of California Press，1985，p. 296.
② Roland Barthes. The Responsibility of Forms. trans. Richard Howard. Berkeley and Los Angeles：University of California Press，1985，p. 295.

个文本。"① 这就表明，一部音乐作品实际的生命存在要靠每位听众的重新演奏。

巴尔特的反现代性策略虽然带有明显的中产阶级趣味和经验主义色彩，但是对于抵制音乐领域的技术主义以及日渐浅表化的生命体验不无裨益。从音乐实践出发，巴尔特对音乐的内容提出了自己的看法，这就是将身体——吉尔·德勒兹意义上的"欲望机器"——直接插入到对音乐的认知中，从而把音乐描述为一门纯粹感官形式的艺术。

二、作为感官形式的音乐

音乐通常分为器乐和声乐。作为两种不同的音乐形式，巴尔特认为它们虽然有着各自的历史、各自的社会学和各自的审美方式，但是无不贯穿或作用于人的身体。对于表演者而言，在演奏的时候如此，在演唱的时候也同样如此。对于听众而言，身体也是最为基本、最为原始的介质。

巴尔特反对从科学上或从意识形态上对声乐进行评论，因为这种评论很容易将它纳入总体性的范畴，而声乐显然属于个体性和差异性的领域，所以他对声乐确立了一套自己的评价标准，即歌唱家的嗓音。在他看来，"人的嗓音是最可显示区别性的场所……因为还没有哪一种科学（生理学、历史学、美学、精神分析学）可以穷尽对于嗓音的研究：从历史学上、社会学上、美学上、技术上去划分和评论音乐，最终还是有一

---

① Roland Barthes. Image, Music, Text. trans. Stephen Heath. New York: Hill and Wang, 1977, p. 153.

种空余、一种额外、一种口误、一种所谓自我明示的未说内容：那就是嗓音。……正是在嗓音之中，音乐的区别性即它的估价限制、显示限制凸显了出来。"①

两次世界大战之间，歌唱家查尔斯·潘泽拉（Charles Panzéra）在法国享有巨大的声誉。在一次研讨会上，曾经作为他的学生的巴尔特表达了对老师的感激之情，并且透露自己一直钟爱潘泽拉的嗓音。"潘泽拉的嗓音里一直打动我的东西，是这种嗓音借助于完美地把握，在很好地解读音乐文本之后而突出的所有细微差别（那些差别要求会产生非常精巧的极轻的演唱乐段[pianissimi]和失声），它总是被一种几乎是金属的欲望力量所拉紧、所活跃：这是一种被直立的嗓音——激动的嗓音（舒曼的用词），或者更恰当地讲，是一种被紧绷的嗓音——一种正在全神贯注的嗓音。除了那些非常成功的极轻的演唱乐段之外，潘泽拉都以其全身放开喉咙歌唱：就像走进田野的一个中学生，他为自己声嘶力竭地唱着：为的是消除大脑中一切坏的东西、犹豫的东西。潘泽拉一直以某种自然嗓音的方式唱歌。"② 与之相反，费舍尔－迪斯考（Fischer－Dieskau）在演唱中却显得矫揉造作，其嗓音的变化完全服务于文化和意识形态的表达。

巴尔特曾套用朱丽娅·克里斯蒂娃（Julia Kristeva）的概念将歌曲划分为两种类型：现象歌曲（pheno－song）和生成歌曲（geno－song）。前者在演唱过程中服务于沟通、再现、表达，其内容就是构成文化价值之结构的东西，或者直接与某个时代的意识形态相连接。费舍尔－迪斯

---

① Roland Barthes. The Responsibility of Forms. trans. Richard Howard. Berkeley and Los Angeles: University of California Press, 1985, pp. 279－280.

② Roland Barthes. The Responsibility of Forms. trans. Richard Howard. Berkeley and Los Angeles: University of California Press, 1985, p. 284.

考的演唱明显属于这种类型,巴尔特评论说:"这是一种规范的表达(措辞是戏剧性的,呼吸的停顿、抑制和释放伴随着情感起伏),因而从未超越文化范畴:在此,是灵魂陪伴着歌曲,而不是身体陪伴着歌曲。"① 后者是歌唱着的、不断变化的嗓音,它作为一种意指游戏无关乎内容的表达和情感再现,在演唱中声音加工的仅仅是字母的快感和曲调本身。"这是引导身体的艺术(因此在远东戏剧中享有重要地位),……其目标不在于信息的明晰,制造情感的戏剧性效果;它(从快感的角度)所寻求的是动人心魂的艳遇,与肉体并行的语言,某种文本,透过该文本我们可以听见嗓音的纹理、辅音的清亮、元音的妖媚、整个肉体的立体声:身体之交合,舌头之交合,而非意义之交合,语言之交合。"② 在巴黎,巴尔特曾聆听过一位俄国音乐家的低音演唱,他觉得在单调的叙述、装饰音和演奏风格之外有某种东西固执地存在着,这个东西就是歌者的身体。"传到你耳朵里的是这样一种或与之相仿的运动,它来自肺腔、肌肉、黏膜、软骨深处,也来自斯拉夫语言深处,如同一层薄薄的皮肤覆盖着演唱者的肉体和音乐。……总而言之,这种嗓音直接超越了象征体系,不关理解和表达。"③

在器乐方面,巴尔特认为人们演奏的音乐是一种属于手工和肌肉的活动。对于演奏者来说,他就是将自己的身体融入到音乐之中,让自己的呼吸、臂力、动作、姿势和表情与手中的乐器紧紧地联系在一起。"身体坐在键盘或乐谱架前面,它在支配、引导、协调,它必须自己来编排

---

① Roland Barthes. Image, Music, Text. trans. Stephen Heath. New York: Hill and Wang, 1977, p. 183.

② Roland Barthes. The Pleasure of the Text. trans. Richard Howard. New York: Hill and Wang, 1975, pp. 66—67.

③ Roland Barthes. Image, Music, Text. trans. Stephen Heath. New York: Hill and Wang, 1977, p. 182.

他所读到的东西:它在制作声音和感觉,它是编排者,而不是接受者、截取者。"① 巴尔特还举例说,在舒曼的《克莱斯勒组曲》中,他听到的就不是任何的音符、任何的主题、任何的构思、任何的语法、任何的意义,他听到的是"身体在冲撞""冲撞的身体":"在第一首中,他的身体构成圆球,接着,他的身体在编织;在第二首中,他的身体在拉长;随后,身体醒了过来:它刺激、它碰撞、它阴沉地发出红色的光;在第三首中,身体在拉紧,身体在铺展;激动不已;在第四首中,身体在说话,身体在演说,某个人在演说;在第五首中,身体在淋浴,身体在离开,身体在颤抖,身体在跑着、唱着、敲打着爬高;在第六首中,身体在解说,身体在费力地解说,解说发展成唱歌;在第七首中,身体在拍打,身体在敲打;在第八首中,身体在舞蹈,但身体也重新隆隆发声、重新出现打击声响。"②

由此可见,音乐在巴尔特的观念中是一种纯粹感官形式的艺术。这种艺术直接与身体发生关联,或者说身体(包括嗓音)是它唯一的客观表现形式。它不表达歌唱者和他灵魂中的任何东西,包括情感和意义,同时也排斥一切形而上学色彩的表征逻辑。在《嗓音的颗粒》中,巴尔特从符号学的角度将语言和音乐的结合形容为"颗粒"(grain),这种"颗粒"不是别的,而是在歌唱的嗓音之中、在音乐的演奏之中、在听众的聆听之中的身体。如果我们要赋予该"颗粒"一种理论价值,那么,我们就是在确立不同身体之间的欲望关系。巴尔特认为,这种关系并非"主观的",而是"色情的",因此,它带有明显的享乐主义特质。

---

① Roland Barthes. Image, Music, Text. trans. Stephen Heath. New York: Hill and Wang, 1977, p.149.

② Roland Barthes. The Responsibility of Forms. trans. Richard Howard. Berkeley and Los Angeles: University of California Press, 1985, pp.299-300.

三、享乐者的哲学

谁不拥有自己的身体？当一个人不再拥有自己的身体，也就意味着死期将至。身体既是个体生命存在的根基，也是短暂者自我现身的初始情境——我的存在就是因为我拥有自己的身体。然而在哲学史上，人们长期对身体充满了敌意。首先是柏拉图以知识的名义放逐了我们的身体，因为他断定身体是不洁的，唯有灵魂才能带领我们朝着理念的世界高飞远举。在中世纪基督教神学中，身体更是被看成罪恶的渊薮。奥古斯丁认为人类通往"上帝之城"的道路不但需要爱，更需要克制身体的本能，也就是性。文艺复兴虽然解放了我们的身体，但是并没有让它获得持久关注，因为随后兴起的启蒙运动又以理性的名义压制了我们的身体。

直到尼采出现，身体才开始挣脱历史的牢笼并被摆在哲学的中心位置。尼采提出的口号是"要以肉体为准绳"①。因为在他看来，"肉体乃是比陈旧的'灵魂'更令人惊异的思想。无论在什么世代，相信肉体都胜似相信我们无比实在的产业和最可靠的存在——简言之，相信我们的自我胜似相信精神"②。尼采警告那些轻视肉体的人将自取灭亡，他所操持的立场就是要用肉感的身体甩掉形而上学的意识，进而重估一切价值。20 世纪 60 年代，尼采思想传入法国，并且对年轻一代的理论家们产生了深远的影响。吉尔·德勒兹和费利克斯·伽塔里在《反俄狄浦斯》中

---

① 尼采：《权力意志——重估一切价值的尝试》，张念东、凌素心译，北京：商务印书馆，1991 年，第 152 页。
② 尼采：《权力意志——重估一切价值的尝试》，张念东、凌素心译，北京：商务印书馆，1991 年，第 152 页。

对尼采的思想作了十分精彩的解释,他们把人的身体形容为"一台巨大的欲望机器":"它无处不在发挥作用,有时进展一帆风顺,有时突发痉挛。它呼吸、发热、吃东西。它排便、性交。……无论在哪里,它都是机器——是真正的机器,而不是比喻性的:驱动其他机器的机器,受其他机器驱动的机器,带有一切必要的搭配和联系。"[1] 这台机器既能够生产现实,又能够生产想象的客体。只要有需求,它就会启动马达,同时带动其他机器的生产。这些机器彼此连接,共同生产着欲望又进行欲望的再生产。在它们的传送带上,欲望永不停息。

巴尔特虽然称不上尼采的信徒,但是在转入后结构主义阶段以后,他也明显受到了尼采的影响。在《文本的愉悦》《S/Z》等著作中,他曾反复谈论身体和欲望,甚至将萨德引入自己的文本。1975 年 2 月,巴尔特在接受《文学杂志》记者让-雅克·布罗谢尔(Jean-Jacques Brochier)的访谈时坦言,他之所以频频提及"愉悦"就是要为一种长期受贬的哲学即享乐主义撑腰。他从不否认自己是个享乐主义者,在自传中,他说"我的身体通常仅在两种情况下存在:偏头疼和色欲"[2]。偏头疼是身体经常出现的不适的症状,而色欲则是一种秘密的享乐。当然,巴尔特不是想继承萨德的衣钵,或者扮演唐璜主义者,而是将身体或者身体的享乐作为一种对抗性策略,解构真理、价值和传统的形而上学。他把这些统统称之为"多格扎"(doxa,又译为"俗套""格套""陈词滥调"),反多格扎的方法就是要在这些理智的想象物中引入欲望的种子,引入对身体的本能化要求,所以他将追求欢愉的身体顺当地插入到音乐、电影、

---

[1] Gilles Deleuze and Félix Guattari. Anti-Œdipus: Capitalism and Schizophrenia. trans. Robert Hurley, Mark Seem and Helen R. Lane, New York: The Viking Press, 1977, p. 1.

[2] Roland Barthes. Roland Barthes by Roland Barthes. trans. Richard Howard, Hampshire and London: Macmillan Press, 1977, p. 70.

戏剧、文学等各个艺术领域，建立了一种以符号学为基础的"快感的诗学"。

巴尔特对音乐的思考就是为这种诗学张本，从美学史的角度来看，它充满了挑战精神。在《美学》第三卷中，黑格尔将音乐和绘画并列，认为它们都属于浪漫型艺术。但是与绘画相比，音乐显然属于更高的层级，因为它完全消除了空间性和物质客观性，成为纯粹的主体性艺术。所以，音乐的基本任务不在于反映客观事物而在于反映最内在的自我，也就是说，"音乐必须表现的是单纯的内心生活"①。在此，我们不能把这种"内心生活"简单地理解为个人情感，因为个人情感是杂乱的、动荡的、令人猝不及防而又倏然而逝。黑格尔认为作为美的艺术，"音乐须满足精神方面的要求，要节制情感本身以及它们的表现，以免流于直接发泄情欲的酒神式的狂哮和喧嚷，或是停留于绝望中的分裂，而是无论在狂欢还是在极端痛苦中都保持住自由，在这些情感的流露中感到幸福"②。这一解释表明，黑格尔并非将音乐作为情感表现性艺术而是作为精神性艺术，音乐的一般性质即表现主体的内在精神。这一观念不仅富有代表性，而且深刻影响到后来主体性哲学的发展进程，因此，它构成了巴尔特理论批判的"潜文本"。巴尔特的革命性就在于，他用寻欢作乐的身体取代了黑格尔心目中的形而上学。在方法论上，这无疑是釜底抽薪，其中贯穿的就是后现代主义的解构精神。

---

① 黑格尔：《美学》（第三卷上册），朱光潜译，北京：商务印书馆，1979年，第384页。
② 黑格尔：《美学》（第三卷上册），朱光潜译，北京：商务印书馆，1979年，第389页。

四、小结

巴尔特的以上观点或许有刻意求新之嫌，特别是在那些专业的音乐理论家和批评家眼里，他的这些论述可能一点儿都不专业。但是，这并不妨碍他作为一个富有创新精神的后现代理论家的重要价值。凡读过他的作品的人都知道，他对于音乐、戏剧、摄影等艺术的讨论，本身就属于其解构主义思想的一部分，或者说，就是其解构主义思想在艺术领域的延伸。

例如，在一篇讨论舒曼的文章结尾，他就将音乐和文本结合起来，并且表明了自己的良苦用心："借助于音乐，我们能够更好地将文本理解为意指过程。"① 意指作用（signification）和意指过程（signifying）是巴尔特经常使用的两个词汇，前者指的是语言符号所对应的指涉关系，而后者指的是意义呈现的过程，如果说前者是"显示"出来的，那么后者就是"演示"出来的。相对于意指作用而言，意指过程具有显而易见的解构功能：它首先颠覆了传统的指涉关系，使能指从指向意义的关联中彻底摆脱出来；其次，能指不断地凸现自身，并使文本阐释表现为动态变迁的转喻过程；最后，所指被解构了，固定的意指迅速转化为多元共生的语境。由于巴尔特认为音乐天生就缺乏象征性，所以被他理所当然地视为展现解构主义精神的理想文本。

---

① Roland Barthes. The Responsibility of Forms, trans. Richard Howard. Berkeley and Los Angeles: University of California Press, 1985, p. 312.

摄影的神话与本质

> 通过摄影人们才了解这种日常视觉无法看到的东西,就像通过心理分析才了解无意识本能一样。
>
> ——瓦尔特·本雅明:《摄影小史》

巴尔特是一个多才多艺的人,他不仅在结构主义、后结构主义和符号学方面多有建树,而且涉足的领域众多,摄影就是其中之一。自 20 世纪 50 年代开始,他撰写过一系列的摄影评论,并且将新生的符号学理论创造性地运用到摄影之中,晚期他更是写出了《明室》(1980)这部专论摄影的经典之作。1980 年巴尔特遭遇车祸意外去世以后,一些学者如戴尔·杰凯特(Dale Jacquette)、拉尔夫·萨孔那克(Ralph Sarkonak)、科琳娜·A. 查克莱杜(Corinna A. Tsakiridou)、艾伦·霍夫特-马奇(Eilene Hoft-March)、约翰尼·格拉顿(Johnnie Gratton)等开始着力研究他的摄影美学,不过他们关注的焦点都集中在《明室》上,而忽略了或有意忽略了其散落在不同文集中的前期作品,可以想见,由此展开的讨论不是以偏概全,就是未及根本。为了描述和总结巴尔特的摄影观念，我们需要将这些文章和《明室》结合起来分析。

一、摄影的神话

加里·维诺格兰德说："我拍照是为了看看事物被拍摄下来的样子。"① 对于最早的一批摄影者而言，加里·维诺格兰德的这番话充分体现了他们对摄影的好奇。同时，它也暗示了摄影最早的用途就是对日常生活以及世界的记录，客观性和真实性于是成为摄影的本性。在达盖尔的时代，人们对此深信不疑。实际上，摄影捕捉到的只是日常生活或者世界的某个侧面，而这个侧面又往往是镜头选取的结果，这也就是说，即便是再真实的记录也摆脱不了摄影师的主观参与。在一本小书中，约翰·伯格说得非常明确："正是观看确立了我们在周围世界的地位。"② 随后，他又补充了一句："我们观看事物的方式，受知识和信仰的影响。"③ 因此，对于摄影师来说，在他举起镜头的一刹那，客观性和真实性就开始消失，他拍摄下来的仅仅是日常生活或者世界的相似物，更何况，这还是他按照自己的意图所理解的相似物。

在《神话学》(1957)中，巴尔特讨论了由恩利克·格拉斯（Enrico Gras）和吉奥尔吉奥·莫塞尔（Giorgio Moser）联合执导的大型纪录片《失去的大陆》。该片主要讲述的是几个意大利探险家从威尼斯出发到印

---

① 转引自苏珊·桑塔格：《论摄影》，黄灿然译，上海：上海译文出版社，2010年，第284页。
② 约翰·伯格：《观看之道》，戴行钺译，桂林：广西师范大学出版社，2007年，第1页。
③ 约翰·伯格：《观看之道》，戴行钺译，桂林：广西师范大学出版社，2007年，第2页。

度群岛旅行的故事。在那里,他们参观了土著人的村庄、集市和寺庙,还驾着小舟在印度洋上航行。本来,这是一片陌生的土地,至少对于这些远道而来的探险家们来说是如此。但是,导演在运用摄影机镜头描述东方的时候,却有意抹平了它与西方之间的差异,在他们看来,东方和西方一样,不同的只是外表而已。为了营造这样的观看效果,他们不断侵犯当地人的隐私,将宗教仪式拍得像戏剧,必要时甚至付钱给当地的土著人,诱导他们说话、唱歌、摆姿势,以提供更加适合于拍摄的素材。在《神话学》中,巴尔特痛斥了这种不负责任的态度,因为透过摄影机镜头,东方被剥夺了所有的实质,被色彩所涂抹,丧失了它原有的形象魅力。当影片运用这种方式来呈现它时,东方反而消失不见了。人们眼里所看到的,只是关于东方的幻觉。然而,导演恩利克·格拉斯和吉奥尔吉奥·莫塞尔却说,他们所呈现的东方是否真实并不重要,比这更重要的是他们如何展现它,塑造它,最终控制它。这就是西方在面对东方时的一贯伎俩,在爱德华·W. 萨义德以及霍米·巴巴的后殖民理论尚未出现之前,巴尔特别具匠心地从神话学的角度对它进行了讨论。

　　神话学是符号学的一个分支,更准确地说,神话学是对符号学的创造性挪用,因为除了符号学之外,它还和意识形态紧紧地联系在一起。通常而言,一棵树就是一棵树,但是经过作家描述以后,它就不再是一棵纯然的树了,而是被语言装饰过了的树,其中充斥着作者从日常生活中汲取的各种文化观念以及社会用法,也就是巴尔特称之为"神话"的东西。"神话"到底是如何形成的呢?神话是一个奇特的符号系统,由于它建立在早于它存在的符号系统之上,所以它是一个二级的符号系统。在一级系统中作为符号存在的东西(即形象和概念的结合),在二级系统中变成了一个能指,而这个能指本身又有相应的所指。如图所示:

摄影的神话与本质 133

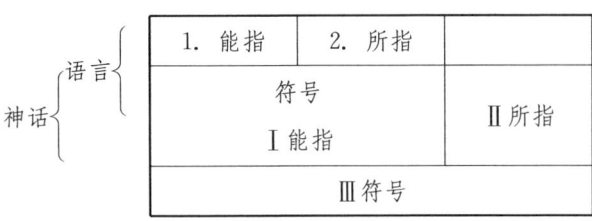

若要对这个图示作进一步的解释，我们应该注意三个方面：第一，在神话中，这两个系统是密切相关的。语言系统是神话得以产生的基础，而神话是对语言系统的劫掠式的挪用，即将意义转换成形式，然后再赋予其特定的内容，或者说将语言符号之外的其他因素巧妙地塞入到语言符号之中；第二，在语言系统内，能指与所指之间的关系完全是自然的；而在神话系统中，能指和所指之间的关系是扭曲的、变形的，但即便如此，它又总是借助于格言、套话、重复、量化等等形式溜进自然的"行李箱"中。正是由于这一点，神话通常又被看成是朴素自然的言说方式；第三，无论语言系统还是神话系统，其实都是价值系统。不过，神话的消费者总是习惯于把它的所指当成事实来看待，之所以会这样，主要是因为他们忽略了神话的欺骗性。

巴尔特以《巴黎竞赛报》上的一张照片为例。封面上，一位身穿法国军装的黑人士兵正举起右手向国旗敬礼，他表情严肃，目光向上。这便是这张照片的意思。然而，当它作为一种媒介向大众传播的时候，它的意思就得到了增补，或者说，它就被神话化了，无论天真与否，我们都不能忽略它所包含的另一层含义：法兰西是一个多么伟大的帝国，凡是它的子民不分年龄、种族、肤色都紧紧地团结在三色旗下。对所谓殖民主义的诽谤者来说，这张照片无疑充当了反驳的有力论据，因为它的意思非常明确，法国无论在本土还是在其殖民地所推行的都是宽容的民族政策，正因为有了这样的政策，所以他们相互平等，都是法兰西大家庭中的成员。在《摄影学批判导读》（2000）中，利兹·威尔斯说："照片并不一定就是对现实生活的真实记录，它一旦被某些阶级或者政党染指，就会成为统治民众的利器。"① 而在《阅读档案：劳资之间的摄影》中阿伦·塞库拉也指出，一旦摄影被某些阶级所利用，它们就会延伸文化霸权，"同时表现出对大众文化水平不加掩饰的轻蔑和漠视"②。总而言之，摄影也是神话寄生的土壤以及神话学的重要表现形式之一。

怎样破除神话呢？巴尔特说："从内部来破除神话尤为困难，因为我们消除神话的努力，反过来又会被神话所捕获——神话最终总是可以将用来抵抗它的事物符号化。实际上，抵抗神话的最佳武器就是将神话神话化，通过这种方式，去制造人工神话（artificial myth）。这种重建的神话其实就是神话学。既然神话劫夺了某物的语言，我们为什么就不能劫夺神话呢？只需使神话本身成为第三符号学链条的起点，拿神话的意指作用作为次生神话的初始项就可以了。"③ 按照巴尔特的意思，我们可以将上图拓展为：

---

① 利兹·威尔斯等：《摄影学批判导论》，郑玉菁译，台北：韦伯文化国际出版有限公司，2005年，第110页。
② 阿伦·塞库拉：《阅读档案：劳资之间的摄影》，见陈永国主编：《视觉文化研究读本》，北京：北京大学出版社，2009年，第156页。
③ Roland Barthes. Mythologies. trans. Annette Lavers. New York: Hill and Wang, 1972, p. 135.

摄影的神话与本质　　　　　　　　　　　　　　　　　　135

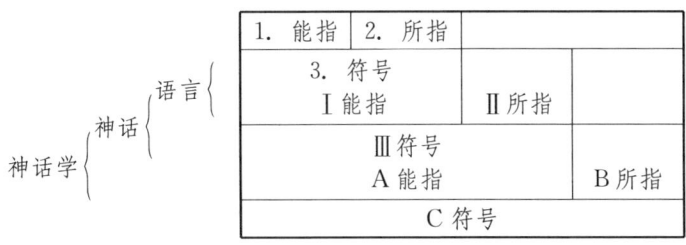

在第二级符号系统中，"Ⅲ符号"代表的是神话本身，它建立在初生的符号系统（即语言系统）之上，是对"3.符号"所进行的整体性劫夺。而在第三级符号系统中，"C符号"代表的是神话学本身，它建立在第二级符号系统（即神话系统）之上，是对"Ⅲ符号"所进行的整体性劫夺。具体来说，就是将被意识形态化的神话作为神话学的能指（即"A能指"），而该能指还具有它的所指（即"B所指"）。值得注意的是，神话学系统中的所指（即"B所指"）和神话系统中的所指（"Ⅱ所指"）具有完全不同的性质，后者是对语言符号的意识形态化，而前者是对意识形态化了的符号的纯化，即展现出语言符号被意识形态化的过程本身。因此，第三级符号系统（即神话学系统）是对第二级符号系统（即神话系统）的揭示和批判。我们还是以《巴黎竞赛报》上的照片为例。第二级符号系统即神话系统所展现的是：法兰西是个多么伟大的帝国，凡是它的子民不分肤色都紧紧地团结在三色旗下。第三级符号系统即神话学系统将第二级符号系统整体地劫夺过来，作为它的能指，然后再赋予它新的所指，因为该所指是对第二级符号系统的反动和批判，所以它将前者揭示为一个意识形态化的过程，即告诉人们这种图像暗示背后其实有秘而不宣的政治动机，那就是宣扬一种平等的民族关系，遮蔽殖民主义的痕迹。通过这个例子我们可以看出，第三级的神话学系统将第二级的神话系统"解码化""解神话化"了。

以上是从符号学的角度来说,当我们将目光从符号学的角度转向语言叙述的角度就会发现,"只有'零度'才能够抵挡神话"①。在这里,"零度"(degree zero)不是别的,而是一种类似于新闻报道的陈述方式,它介于虚拟式和命令式之间,如果说虚拟式和命令式均是意识形态的表达方式,那么直陈式就是去意识形态化的,它是一种"客观""中性"的表达方式。在《新科学》一书中,维柯曾揶揄中国人说:"中国在几百年以前还和世界其它部分隔绝,出自虚荣地夸口说中国比世界哪一国都更古老,可是经过了那样长的时间,现在还在用象形文字书写。尽管由于天气温和,中国人具有最精妙的才能,创造出许多精细惊人的事物,可是到现在在绘画中还不会用阴影。"② 这显然是一种意识形态的表达方式,完全是在用欧洲中心主义的眼光来看待中国的文字和绘画,认为它们是落后的。假如有人想捍卫自己的民族立场,认为中国的象形字比西方的拼音文字好,认为中国画的散点透视比西洋画的焦点透视好,那么他在搞的就是文化竞争或者对抗,像维柯一样,仍然陷入了意识形态的泥沼。去意识形态化的方式唯有采用"零度"策略,即用直陈式的叙述来揭示维柯的神话立场:"由于受到欧洲中心主义的影响,维柯认为中国虽然历史悠久,但是她的文字和绘画(与西方相比)却如此落后。"这样的表达就让他的"文化阴谋"昭然若揭。

"摄影与语言的关系可以有两种基本描述,这两种基本描述是根本对立的。"③ W. J. T. 米歇尔在《图像理论》(1994)中说:"第一种强调摄影不同于语言,它以'没有代码的信息'为特色,是视觉现实的纯客

---

① Roland Barthes. Mythologies. trans. Annette Lavers. New York: Hill and Wang, 1972, p. 132.
② 维柯:《新科学》,朱光潜译,北京:商务印书馆,1989年,第84页。
③ W. J. T. 米歇尔:《图像理论》,陈永国、胡文征译,北京:北京大学出版社,2006年,第264页。

观的艺术再现。第二种把摄影转变为语言,或强调在实际应用中它被语言的兼并。"① 目前,第一种描述已基本被人们抛弃了,以上也说过,只要是摄影必定会有人的意志的参与,要想做到"纯客观"几乎是不可能的。所以,第二种描述方法越来越受到人们的看重,这也就是说,摄影也是一种语言形式,它最终也要表征为语言。既然我们可以用"零度"的策略来破除语言的神话,那么我们也可以采用这一策略来破除摄影的神话。在《阿尔古的演员》《电影中的罗马人》《度假中的作家》《令人震惊的照片》《竞选照片》《人类大家庭》等文章中,巴尔特就是这样做的。总之,无论在语言叙述还是摄影当中,"零度"都是反抗神话的主要力量——甚至是唯一可资利用的"武器"。

二、新闻摄影与情感创伤

1961年,巴尔特在《交流》杂志上发表了《摄影讯息》一文,这篇文章的重要性主要在于它从符号学的角度详细讨论了新闻摄影的问题。文章一开篇,他就将新闻摄影界定为一种"讯息"(message)。按照雅柯布森的语言学理论,凡是讯息都有发送源、发送渠道和接收环境。就新闻摄影而言,由于发送渠道和接收环境均属于传播学的范畴,所以巴尔特对此存而不论,他着重讨论了发送源的问题。

从严格意义上说,新闻摄影的发送源就是报刊编辑部。该部门通常配有专门的技术队伍,其中一些人负责摄影,一些人负责图片处理,还有一些人负责编辑,即以照片为中心,加上标题、说明、文本、边框等

---

① W. J. T. 米歇尔:《图像理论》,陈永国、胡文征译,北京:北京大学出版社,2006年,第264页。

内容，使之成为一个完整的讯息组合体。美国旧金山大学新闻传播学教授肯尼思·科布勒（Kenneth Kobre）说："没有说明的图片一文不值。"① 约翰·怀汀（John Whiting）也说："文字说明就如同指着照片的食指，它会起到引导的作用。"② 所以，新闻照片并不是一种孤立的结构，它总是和另一种结构即文字相联系。巴尔特天真地认为，第一种结构是"自然"的，因为从外在的客观事物到摄影照片是由机械来完成的，没有意志的参与，所以它是一种无编码的信息。其实，取景、特效、镜头的俯仰、光线以及色彩的处理都会影响事物的成像方式。通常情况下，摄像机与拍摄对象的眼睛应该处在同一水平线上，这是一个中性的角度。一旦把机位提升到对象之上或者降低到对象之下，就会呈现出一种权力的动态结构，巴尔特显然忽略了这点。就第二种结构而言，毫无疑问，它是"文化"的，其中包含着一系列的编码，所以它是有编码的信息。在现代媒体中，新闻照片再配上必要的题文这很正常，可巴尔特却认为这是一种"反常现象"：

　　照片的反常现象，可以被看作是两种讯息的共存：一种无编码（就是照片上的相似物），另一种有编码（对照片的艺术性处理、对照片的'书写'，或者对照片的修辞）。从结构上来说，这种反常现象显然不是外延讯息和内涵讯息的串通（所有的大众交流均是如此，这可能是不可避免的），在这里，内涵（或已经编码的）讯息的形成是以无编码的信息为基础的。这种结构上的反常现象恰好与伦理的反常现象一致：当我们想

---

　　① 肯尼思·科布勒：《美国新闻摄影教程》，任悦译，北京：人民邮电出版社，2009 年，第 228 页。
　　② John Whiting. Photography is a Language. New York: Aron Press, 1979, p. 72.

要"中性""客观"的时候,我们就细心地复制现实,就好像这种相似物能够成为阻遏价值创造的因素。①

然而,只要有文化编码,照片就不可能"中性""客观"。巴尔特之所以认为这两种讯息的结合是反常的,主要源于他对新闻摄影的迷信——凡是新闻摄影,都应该是"中性""客观"的,就像杰弗里·巴钦(Geoffrey Batchen)在一本小书的前言中所说的那样,是完全遵从于现实的"零度摄影"。这种幻念不仅在此文中存在,我们待会还会看到,它在《明室》(1980)中也广泛存在。

出于对"零度摄影"的迷恋,巴尔特还谈及了一种新的摄影类型——创伤性摄影。所谓"创伤性摄影"(the traumatic photograph),就是以偶发的天灾或人祸为对象的摄影,因为这些摄影常常刺激人心,引发怜悯。巴尔特认为这种摄影是无任何内涵可言的,它不但中止了言语,而且阻断了意指活动。人们在面对这些照片时看到的就是照片本身。他还总结出了一条法则:创伤越直接,内涵产生的可能性就越小;或者说,这种照片的内涵和它的创伤效果是成反比的。情况是否的确如此?加拿大《多伦多星报》曾经刊登了该报记者保罗·沃森拍摄的一张照片。照片上,一位美国士兵在索马里向饥民分派食物的过程中被杀,他的尸体还被饥民拖拽着在摩加迪沙过街串巷。这张照片激起了美国人的愤怒,美国政府也随即调整了对索马里的政策。可见,美国人从这张照片看到的不仅仅是事件本身,还有或者说更为重要的是这张照片所折射出的、令人厌恶的"反美情绪",这就是它的内涵。在《明室》中也有一张创伤性的摄影照片:在坑坑洼洼、破烂不堪的马路上,一位母亲十分悲痛地

---

① Roland Barthes. Image, Music, Text. trans. Stephen Heath. New York: Hill and Wang, 1977, pp. 19—20.

用白布盖住她孩子的尸体。镜头后面一个男子低头走过，一个女人用手绢遮住了鼻子。巴尔特在二元论的框架下来讨论这张新闻照片，并且认为它是"文化的"，这也就意味着它除了自身所展现的事实之外，另有指涉。

由此，我们可以得出这样的结论：在新闻摄影中，即便是以天灾人祸为报道对象的创伤性摄影，也不可能是"清白无辜"的。在每张照片背后，其实都隐含一种目光、一种意图、一种诉求，每一张照片都会被这些东西所污染。在《完美的罪行》(1995)中，让·博德里亚尔曾经追问照片的魅力从何而来：来自于外在的客观事物本身吗？他给出的答案虽然有些狭隘，却揭示了某种事实："摄影师们永远不会接受这个观点，他们会坚持认为所有的独创性都在于他们对世界的看法。就是这样，他们摄出一些非常好的相片，使他们主体的看法和摄影动作反射的奇迹混合在一起。"[①] 这便是人们反复琢磨的摄影——当然，也包括新闻摄影——的秘密。

三、摄影的本质

如果说巴尔特早期主要是从符号学或者构成论的角度来讨论摄影，那么在《明室》中其方法明显发生了转换，即从符号学或者构成论转向了艺术本体论，他想阐明的核心问题是：摄影的本质是什么？这一问题的提出和萨特的《想象》有着密不可分的关系。因为在该书的扉页上，巴尔特十分恭敬地写道："敬献给让－保罗·萨特的《想象》。"它们之间

[①] 让·博德里亚尔：《完美的罪行》，王为民译，北京：商务印书馆，2000年，第86页。

到底有何联系呢？

《想象》原名《心理生活中的影像：作用和本性》，是萨特1927年为获得高等学业文凭而撰写的论文，后来收入H. 德拉克洛瓦主编的《新哲学百科》丛书。这一时期，萨特对胡塞尔的现象学产生了浓厚的兴趣，他想运用现象学的方法从哲学史上有关想象的"影像"（image）的诸理论出发，在克服各种偏见和定论的基础上找到一条通往想象意识的现象学之路。文章一开篇他就明确了自己的观点：物的"形象"（image）和它在想象中的"影像"（image）是截然不同的。然而在胡塞尔之前，无论是传统的形而上学还是实验心理学都错把想象中的"影像"等同于物的"形象"，这种观念根深蒂固，从笛卡尔、休谟、莱布尼茨到泰纳和柏格森一直如此。在《观念 I》（即《现象学的观念》）中，胡塞尔不仅区分了"想象"（Phantasie）和"影像意识"（Bildbewusstsein），而且触及了想象意识的建构问题，这些为萨特对想象的"影像"的讨论提供了契机。萨特也是在胡塞尔的基础上，通过本质性的还原，将想象中的"影像"确定为一种意识活动而不是一个物或物的"形象"，简言之，"影像是对某物的意识"[1]。

萨特的现象学方法对巴尔特产生了重大影响。在《明室》第一部分第8小节，巴尔特就直言不讳地说："在这项关于摄影的研究中，我从现象学的纲领和语言系统中借用了不少东西。不过，这是一种含混的、偶然的甚至有些另类的现象学，它竟然同意我在分析的过程中歪曲或者回避现象学的原则。"[2] 这段话的意思是，巴尔特是从比萨特更加宽泛的现

---

[1] 让－保罗·萨特：《想象》，杜小真译，上海：上海译文出版社，2014年，第181页。

[2] Roland Barthes, Camera Lucida, Reflections on Photography, trans. Richard Howard, London: Vintage, 1982, p. 20.

象学层面来讨论摄影的问题。首先，他悬搁了以往人们对于摄影的判断，转而以个体情感为基础，尝试运用现象学－心理学的方法还原出摄影的本质。这种做法显然不妥，因为人的主体经验不可能通达某个客体的本质，这两者之间始终存在巨大的鸿沟，用康德的话说，这是主体意识无法把握的"自在之物"。然而，巴尔特有意或无意地忽略了这一问题。

"没有意外，也就没有照片。"① 这是巴尔特在该书第一部分所提出的核心观点。（因为他舍弃了摄影者和被摄影对象的角度）从接受者的角度来说，所谓"意外"就是在观看某张照片时产生的心理震颤，当某张照片突然出现在他面前，他为之一振。之所以会产生这样强烈的情感体验，主要是因为照片的内容令人惊异。譬如，两个头的男人，三个乳房的女人，带尾巴的孩子，以高速摄影机所展现的、在平时的日常生活中我们根本注意不到的某个动作的精彩瞬间，几张照片的叠印，抽象，夸张或者变形，这些都会引起人们的惊异。

按照情感反应的性质以及强烈程度的不同，巴尔特又提出了"趣点"（studium）和"刺点"（punctum）的概念。前者的意思是：专注于某个人或者某个事物，并对之产生了兴趣，但是这种兴趣并不十分强烈。此外，还应该注意的是，这种兴趣的产生主要源于教育和文化的熏陶，或者说，它是一种已经规范了的情感。相比较而言，后者所引发的情感更加强烈，用巴尔特本人话说："这个要素从照片上的场景中像箭一样射出来，并且刺穿了我。"② 在一篇评论性的文章中，米歇尔·弗莱德（Michael Fried）曾将这个概念和巴尔特的丧母体验结合起来，认为丧母之痛

---

① Roland Barthes. Camera Lucida: Reflections on Photography. trans. Richard Howard, London: Vintage, 1982, p. 19.

② Roland Barthes. Camera Lucida: Reflections on Photography. trans. Richard Howard, London: Vintage, 1982, p. 26

的经历促使他将这个拉丁文的术语挪用到摄影方面。的确,该词除了表示强烈的情感体验之外,还有另一层含义,即创伤、伤痛、痛苦。巴尔特正是在双重意义下来使用这一概念。若某张照片激发了观者强烈的兴趣,并且让人感到痛苦,这就是"刺点"。以上我们说"趣点"所激发的是已经规范了的情感,而"刺点"所激发的完全是偶然的、无法再现的情感。和前者相比,它并不是从教育或文化沿袭而来的,"刺点没有道德或优雅的意思:刺点可能缺乏教养"①。那么,这两者是完全隔绝的吗?存在两种情况:一种情况是某些照片只有"趣点"而无"刺点",它们让人感兴趣,但是不会引起强烈的情感反应。在这样的照片中,"趣点"和"刺点"就是隔绝的。巴尔特将这样的照片界定为"一元的照片"(the unary photograph)。另一种情况是某些照片既有"趣点"又有"刺点",它们不仅可以共存,还构成了照片的二元性。他以詹姆斯·范德奇(James Van der Zee)1926年拍摄的一张美国黑人的全家福为例:

趣点是显而易见的:作为一个有教养的主体,我满怀同情地关注着照片所要表达的东西,因为它会说话(它是一张"好"照片)。它表达了体面感,家庭生活,顺从,周末的穿戴,为进入白人社会所付出的努力(这种努力令人感动,就是太天真了)。这个场景令我感兴趣,但是没有刺中我。非常奇怪,刺中我的竟是妹妹(或者女儿)——这位"给人安慰的黑人女子"——的那条腰带,她的胳膊交叉放在背后,像个女学生;还有她那双系带的高跟皮鞋(Mary Janes——这种老式的皮鞋为何打动了我?我的意思是:这种式样让我想起了那个年代吗?)。这个刺点使我

---

① Roland Barthes, Camera Lucida: Reflections on Photography, trans. Richard Howard, London: Vintage, 1982, p. 43.

产生了十分亲切的感觉,几乎是一种温柔之情。①

和"趣点"相比,"刺点"只是照片的局部特征,或者说它总是以细节的方式呈现。不过颇有意味的是,一旦某个细节打动了观者,它就会立即占据整个照片,使"刺点"超越"趣点"成为该照片的重要特征。在《罗兰·巴尔特》(1991)中,米歇尔·莫雷亚蒂(Michael Moriarty)曾将"趣点"和"刺点"的关系同"愉悦"(plaisir)和"极乐"(jouissance)进行比较,即相对于"趣点"所引起的(精神方面的)"愉悦"而言,"刺点"所造成的是(带有欲望性质的)"极乐"。这种比较富有意味,但问题是"趣点"和"刺点"是否能够反映摄影的本质?答案自然是否定的。首先,还有很多照片既没有"趣点",也没有"刺点",根本就无法引起人们的兴趣;其次,就像巴尔特自己所说的那样,并不是所有照片都具有二元性;最后,也是非常重要的一点,无论是"趣点"还是"刺点",都是主体性的经验,根本就不可能反映出摄影的本质。所以,在第一部分最后一节,巴尔特总结了自己的失误:

以这种方式一张张看过去(说实话,到目前为止,我讨论的都是公开的照片),我大概已经知道我想干什么了,但是我并没有发现摄影的本质(the eidos)。我不得不承认,我的偏好使我不可能成为一个公正的裁判者,而且主观性一旦简化为享乐主义的计划,就不可能认识普遍。我应该进一步自省,以便找出摄影的本质。这个东西,看照片的人都看到了,而且他们还能把它和其他图像区分开来。接下来,我必须推翻我前

---

① Roland Barthes. Camera Lucida: Reflections on Photography. trans. Richard Howard, London: Vintage, 1982, p. 43.

面的观点,重新开始。①

怎样开始呢?要想揭示摄影的本质就必须从照片开始而不应该从观看者的情感开始。到观看者那里去探寻摄影的本质,就犹如提灯寻影,自然灯到影灭。在第二部分一开篇,巴尔特彻底改变了策略,即围绕母亲埃丽昂特幼年在冬天花园中所拍的一张照片来谈。这种讨论问题的方式尽管风险重重,特别是有可能重蹈覆辙,但是经过不断地悬置和现象学还原,他最终还是揭示了摄影的本质:

我称之为"摄影参照物"的不是一个图像或者符号所指涉的可真可假的东西,而必须是真实存在的东西。这个东西曾经在镜头前面出现过,否则就不可能有照片。……因此,摄影真谛的名字将是:"那个存在过"(That—has—been),或者还可以加上:它是抹除不掉的。在拉丁文中(搞点学究还是必要的,因为它显示出了细微差异),大概可以这么表述:"interfuit",意思是:我所看到的东西曾经在那,在无限的远方与主体(操作者和观看者)之间拓展;它曾经在这,然而又立即离开了;它绝对、不容置疑地出现过,然而又被延搁了。这就是"intersum"这个拉丁文动词所要表达的一切。②

由此可见,摄影的本质就是镜头内事物的曾现,即"那个存在过""那曾经是"。这是不可否定的,在此基础上也不可能再进行还原。不过,

---

① Roland Barthes. Camera Lucida: Reflections on Photography. trans. Richard Howard, London: Vintage, 1982, p. 60.
② Roland Barthes. Camera Lucida: Reflections on Photography. trans. Richard Howard, London: Vintage, 1982, p. 76.

你如果细读《明室》就会发现，其实在一开篇（第一部分第 2 节）巴尔特就不仅谈到了这点，而且强调了摄影的另一个特性，即镜头内事物的不可再现性：

> 摄影不断再现的东西仅仅发生过一次。从机械的角度来说，摄影可以不断地重复；然而，从存在的角度来说，被摄的东西永远不可能重复。照片中的事件永远不可能超越自己而转化为其他东西：照片总是将我所需要的文献引向我所看到的个别事物上去；摄影绝对是个别的，是极端的偶然，死板，而且冥顽不化，就是如此（是这张照片，而不是摄影）。简言之，是拉康所称之的"Tuché"（巧遇），偶遇，邂逅，实在界。为了指认现实，佛家说"sunya"，意思是：空。更准确地说，"tathata"（真如），就像阿兰·瓦茨所说的那样，事实就是这样，就是这般，就是如此 (the fact of being this, of being thus, of being so)。在梵文中，"tat"的意思就是"那个"（that）。这让人想到小孩的动作，他用手指指着某个东西，说："那个，它在那，就是那样!"但是其他的啥都没说。①

如果将这两段引文综合起来，我们又可以将摄影的本质表述为：镜头内事物的曾现和不可再现。在《机械复制时代的艺术作品》（1925）中，瓦尔特·本雅明曾提到了"原真性"（Echtheit）的概念，所谓"原真性"即艺术品的"即时即地性"和"独一无二性"。巴尔特之所以将摄影界定为"那个存在过""那曾经是""就是这样""就是这般""就是如此"，实际上就是在强调摄影作为事物呈现方式的"即时即地性"和"独

---

① Roland Barthes. Camera Lucida: Reflections on Photography. trans. Richard Howard, London: Vintage, 1982, pp. 4—5.

一无二性"①。在一个机械复制的时代,照片可以被不断地复印,但是照片中的事物或场景永远不可能再现。正因为如此,巴尔特在《明室》中会去讨论摄影与"死亡"的问题。"在别人给我拍的照片中,我(按照某种'意图'进行观看)发现的是死亡:死亡就是那张照片的本质。"② 严格地说,这不是一种比喻,而是客观的事实,当我们拍下某个人或者某个物的影像,也就意味着这个人或物在这个点不可能再存在,他/它永远地逝去了。所以,照片既是一种(曾经)在场也是(当下)不在场的标志。

四、小结

在《小说的准备》中,巴尔特将日本的俳句艺术和摄影相提并论所强调的也是这种曾现事物的不可再现性。俳句通常是诗人在日常生活中对某个偶然性的瞬间所进行的描述,这种描述类似于现象学的,只是呈现而不加以评论。如松尾芭蕉的名句:"一只青蛙/跃入古池塘/噗通!溅水的声音。"这是诗人在某个瞬间所见到的景象,并用简洁的文字将这一画面直观地记录了下来,而不加任何情感的渲染。巴尔特认为俳句是"一种瞬间的绝对写作"③,它的魅力也就在于它如其所是地呈现了日常生活中某个不可还原的瞬间——即时和当下的发现。"就是这样""就是

---

① 瓦尔特·本雅明:《摄影小史、机械复制时代的艺术作品》,王才勇译,南京:江苏人民出版社,2006年,第51页。
② Roland Barthes. Camera Lucida: Reflections on Photography. trans. Richard Howard, London: Vintage, 1982, p. 15.
③ Roland Barthes. The Preparation of the Novel. trans. Kate Briggs. New York: Columbia University Press, 2003, p. 48.

如此""那个（瞬间）存在过",只是随着时间的变化,它彻底消失了。在这个层面上,巴尔特认为俳句和摄影有着惊人的相似,它们在性质上甚至是相同的。

在法兰西学院的研讨班上,巴尔特应一些马塞尔主义者（他对那些爱好马塞尔·普鲁斯特作品的人们的称呼）的要求,开设了一门课程专门讨论普鲁斯特和摄影。就解读方法而言,他说:"一种影像,从本体论上说,就是什么也不吐露:为了谈论影像,必须有一种非常艰难的特殊技艺,影像描绘的技艺,它根本不同于想象性的描述。"① 想象性的描述不可避免地会带有主观的臆测,对此萨特说得非常明确:"在任何情况下,我的意识都不能成为一个物,因为我的意识成为自在的方式恰恰是自为的存在。"② 要回到物,或者呈现影像本身,就必须将自己的主观之见（当然也包括想象）置入括弧,以"零度"的方式来描述它们。在《普鲁斯特和摄影》中,巴尔特对普鲁斯特及其家人、朋友的影像所采用的就是这种方法,它们虽然琐屑零散,不成体系,但它们呈现了自身,这就是影像的价值。

---

① Roland Barthes. The Preparation of the Novel. trans. Kate Briggs. New York: Columbia University Press, 2003, p. 310.
② 让-保罗·萨特:《想象》,杜小真译,上海:上海译文出版社,2014年,第2页。

迈向寂静的哲学

> 我相信，退隐的目的都是一样的：生活得更加悠闲从容。但是大家并不一定找对途径。
>
> ——蒙田：《蒙田随笔全集》

对于巴尔特来说，"中性"不仅是瓦解结构进而颠覆传统的方法，它还是一种生存策略。在法兰西学院第二期研讨班上，他说得非常清楚："世界面临威胁，非得作出'选择'不可，被迫生产意义，卷入矛盾冲突，'承担责任'，等等。→尝试悬置、破除和避开聚合关系，它的胁迫和傲慢→免除意义→这个避开聚合关系和矛盾冲突的多样性的领域＝中性。"[1] 这里所描述的就是个体生存的困境，我们总是被动地陷入各种形式的二元选择，卷入矛盾冲突，为某些事情承担责任，由此，必须面对各种胁迫，接受他者的支配。巴尔特认为要想摆脱这种状况，就必须以中性的方式"尝试悬置、破除和避开聚合关系，它的胁迫和傲慢"，从而

---

[1] Roland Barthes. The Neutral. trans. Rosalind E. Krauss and Denis Hollier, New York: Columbia University Press, 2005, p. 7.

让个体能够循细微的差异去生活。在这里,"中性"就不是一种方法,而是一种生存策略。如果我们再往前追溯,在《写作的零度》(1953)中,巴尔特在定义"中性写作"时说:"这种新的中性的写作既置身于各种呼声和判决的环境里却又毫不介入其中。"① 这就是他认为作家应该持守的策略。我们把这种策略概括为"中性生存"或者"零度生存",它的特征就是"不介入"——不介入任何矛盾冲突,不卷入任何斗争,不对各种社会和政治事件表态。对于这种生存方式,巴尔特不只是心向往之,还身体力行。后期,在转向怀疑论阶段以后,他更是将这种生存方式发挥到了极致,从理论上构建了一种个体生存的乌托邦。为了给大家一个直观的印象,本文将从一个具体的事件谈起。

一、结构不上街

1968年5月,就在结构主义如日中天的时候,法国爆发声势浩大的学生运动。这场运动最先从位于巴黎郊区的农泰尔学院燃起,然后蔓延到整个巴黎,最后席卷全国。人们通常将这场运动称为"五月风暴"。在这场风暴中,学生们自发地组织起来,罢课,强行攻占学校的办公大楼,演讲,聚会,游行,甚至还和警察发生了暴力冲突。这场运动究竟缘何而起呢?迄今为止,一直是个疑团。在《对1968年5月/6月危机的解释》中,菲利普·贝内东和让·图夏尔本想给出一个准确的答案,但是

---

① Roland Barthes. Writing Degree Zero/ Elements of Semiology. trans. Annette Lavers and Colin Smith. Jonathan Cape Ltd, 1967, p. 77.

在研究各方面的原因之后,他们得出了这样的结论:"各种因素的偶然遇合。"① 然而,这场风暴对法国的政治、经济和文化均产生了十分深远的影响——它促使戴高乐将军在1969年的全民公决失败后被迫离开政坛,埃德加·富尔开始大刀阔斧地进行大学改革,结构主义开始退潮,而后结构主义悄然兴起。

这场运动之所以发展得如此迅速,和一些精神领袖的支持是分不开的。克洛德·勒福尔、亨利·列斐伏尔、让-马里·库德雷,还有吕西安·戈德曼都曾走向街头,和青年学生一起并肩战斗。让-保罗·萨特、莫里斯·布朗肖、安德烈·戈尔兹、皮埃尔·克洛索夫斯基、雅克·拉康、莫里斯·纳多等人也曾在一份请愿书上签字,公开声援学生们的运动。在接受卢森堡电台的采访时,萨特还为学生们的行为辩护:"青年学生不希望自己的前途跟父辈的命运一样,也就是说跟我们的命运一样……这种命运证明我们是一群懦夫,因为逆来顺受和受封闭制度之害而变得筋疲力尽,疲惫不堪,萎靡不振……对于那些尚未进入父辈为他们建立的体制,或者不愿意进入这个体制里的学生来说,这是唯一的出路。"②

当然,在这些支持背后也有一些反对的声音,雷蒙·阿隆就是典型的代表,他在风暴最猛烈的时候曾主动联系查理·莫拉泽、让-皮埃尔·维尔南等人召开了一个会议,并且号召大家在一份提案上签名,这份提案公开反对学生的暴力行为。列维-斯特劳斯显然也是站在雷蒙·阿隆一边,他后来在回忆当年的情形时说:"我在被占领的索邦大学散

---

① 菲利普·贝内东、让·图夏尔:《对1968年5月/6月危机的解释》,《生产》,2008年第6期。

② 米歇尔·维诺克:《法国知识分子的世纪·萨特时代》,孙桂荣、逸风译,南京:江苏教育出版社,2006年,第211页。

步,用民族志专家的眼光环视四周。我也和几个朋友一起参加了几次讨论会。有一两次是在我家举行的(……)最初的新鲜感一旦消失,也腻烦了那些可笑的举动,1968年5月便令我讨厌了(……)我不赞同砍倒树木来构筑街垒(树有生命,应当尊重),我不赞同把公共场所变成垃圾场,那是大家的共同财产,我不赞同把大学建筑物等涂抹得乱七八糟。我也不赞同研究工作和学校管理因无谓的口水仗而陷入瘫痪。"① A. J. 格雷马斯和巴尔特当时正在巴黎高等实验学校任教,在革命如火如荼的时候,他们非但没有走上街头声援学生们的运动,还"不合时宜"地将两人的研讨班合并起来,集中讨论语言和革命的关系。列维－斯特劳斯、A. J. 格雷马斯和巴尔特的行为很快招致了学生的不满,卡特琳·巴克－克莱芒在巴黎大学召开的哲学大会上公开宣读了一份报告,她在报告结尾愤懑地指出:"很显然,结构不会上街游行。"② 还有学生将批判的矛头直接对准巴尔特,他们在学校的走廊上贴出大字报:"巴尔特说:结构不上街。我们说:巴尔特也不上街。"③ "结构不上街"后来便成为人们攻击结构主义的口号。

其实,用结构主义一词将上述性情不同、倾向迥异且深受各自专业影响的思想家们圈在一起,只提供了一种标签式的、类型化的方便,无法反映出各自独特的思想探索及学术个性。而让他们都对"结构不上街"有所担待,如果不是出于漫画化的企图,则是源于对我们称之为结构主

---

① 德尼·贝多莱:《列维－斯特劳斯传》,于秀英译,北京:中国人民大学出版社,2008年,第365—366页。

② 弗朗索瓦·多斯:《从结构到解构:法国20世纪思想主潮》,季广茂译,北京:中央编译出版社,2004年,第158页。

③ Louis—Jean Calvet. Roland Barthes: A Biography. trans. Sarah Wykes. Cambridge and Oxford: Polity Press, 1994, p.166.

义的那种思潮和方法的某种误解。可以说,作为哲学思潮的结构主义是对存在主义过度强调主体作用的倾向的一种反拨,而受普通语言学影响的方法论上的结构主义所捍卫的,是将主体和历史等因素排除在观察视野之外,对系统中关系的构成方式进行客观描述和结构分析。它从未将自己视为人生哲学或行动哲学,也就从根本上拒绝了自己所无力承担的社会政治抱负。①

所以我们不能一概而论,而要因人而异。吕西安·戈德曼曾揶揄拉康:"你在1968年看到了你的结构……那就是走在大街上的人们。"拉康立即反唇相讥:"如果说五月发生的事件还能说明些什么,那它们说明了,正是结构走到了大街上。"② 因为在革命大潮中,拉康不但积极支持学生们的运动,还亲自帮助学生领袖丹尼尔·科恩－邦迪躲开警察的追捕秘密潜回法国。福柯作为结构主义的力将,在五月运动爆发时,他正在突尼斯的西迪布赛德任教,所以和国内的情况缺乏联系。但是,当他的学生为了响应法国的学生运动而被捕时,福柯积极地介入,不断敦促当地政府释放被捕者。针对他的行为,弗朗索瓦·多斯评价说:"一个崭新的米歇尔·福柯在1968年春天诞生了。他体现了那代学生的希望与激情。……从那时开始,他卷入了每一场反抗一切形式的惩罚的战斗和抵抗运动。"③ 在"五月风暴"中,不管福柯有没有上街,他作为一个结构主义者都是革命的。

---

① 王东亮:《"结构不上街"的事故调查》,《读书》,1998年第7期。
② 弗朗索瓦·多斯:《从结构到解构:法国20世纪思想主潮》,季广茂译,北京:中央编译出版社,2004年,第169页。
③ 弗朗索瓦·多斯:《从结构到解构:法国20世纪思想主潮》,季广茂译,北京:中央编译出版社,2004年,第164—165页。

那么，巴尔特为何没有上街呢？主要有两个方面的原因：第一，他反对任何形式的暴力革命。1972年1月，他在接受《政治周刊》记者让·杜弗洛的采访时说："暴力本身是一个已被用滥了的符码，也有人可能会说它是一个久负盛名甚至带有人类学色彩的符码。不过，暴力本身并不代表什么前所未闻的创新。依我看，拥护这种激进的破坏文化的行为并不理智，也不可能有任何效果，其价值仅仅在于它是作为一种表达形式。"① 1977年1月，巴尔特在接受《新观察家》记者本纳德－亨利·列维的采访时说得更加明确："对于每一个人来说，革命是令人欣喜的意象，可它一旦转化为现实，就是恐怖的……那些通过革命取得成功的社会，我会称之为'令人沮丧的'社会。在那里，谎言四处横行，我们将因此而不快。这样的社会令人沮丧，因为国家的性质并没有改变。"② 众所周知，巴尔特没有像他同时代的知识分子那样经历二战，因此对战争和革命缺乏深刻的认识。他甚至天真地认为，"一切都是语言，没有任何事物能够脱离语言，整个社会就是被语言所渗透。……因此，要想从事激进的反文化运动，单单只需要变换语言即可"③。这种"幼稚"的政治观一直影响着巴尔特。

第二，也是这里所要强调的，巴尔特矢志追求的是"中性生存"或者"零度生存"。这种生存方式最突出的特征就是不介入任何现实矛盾，自觉地同各种社会事件保持一定的距离。如果忽略他在疗养院里的那段

---

① Roland Barthes. The Grain of the Voice: Interviews 1962—1980. trans. Linda Coverdale. Berkeley and Los Angeles: University of California Press，1985，pp. 153—154.

② Roland Barthes. The Grain of the Voice: Interviews 1962—1980. trans. Linda Coverdale. Berkeley and Los Angeles: University of California Press，1985，p. 272.

③ Roland Barthes. The Grain of the Voice: Interviews 1962—1980. trans. Linda Coverdale. Berkeley and Los Angeles: University of California Press，1985，p. 153.

生活，这种观念的萌生至少可以追溯到《写作的零度》(1953)。在这本书中，巴尔特虽然没有直接点名，但是大家知道他所针对的目标主要是萨特所提出的文学介入论。萨特要求作家应该介入现实生活，主动参与各种社会政治事件，并作出自己的评判以引导公众舆论。在《什么是文学？》一文中，他援引勃里斯－帕兰德的话说，"词是'上了子弹的手枪'"[1]，如果作家写作，他就必须像个战士那样瞄准目标，而不是像个小孩闭着眼睛乱开枪，仅仅满足于听响声取乐。他认为"写作，这是某种要求自由的方式；一旦你开始写作，不管你愿意不愿意，你已经介入了"[2]。巴尔特对这种介入论的文学观不以为然。他认为这种写作不但背离了文学，更糟糕的是，它将文学当成了政治斗争和权力审判的武器，"于是语言的运用就和流血牺牲联系了起来，这种情形在历史上屡见不鲜"[3]。如何使文学成为语言的艺术并且只是关涉语言自身？巴尔特所提出的方法是"零度写作"或者"中性写作"，"比较而言，零度写作是一种直陈式的写作；如果你喜欢的话，也可以说是非语式的写作；说得更确切一些，新闻报道式的写作……这种新的中性的写作既置身于各种呼声和判决的环境里却又毫不介入其中"[4]。这既是对写作的要求，也是对作家的要求，具体来说，就是要求作家在写作的过程中要紧紧咬住自己的舌头，对各种事件进行客观描述而不作主观评价，由此创造出一种沉默的风格。巴尔特认为加缪的小说《局外人》就是典型的例子。起初，

---

[1] 萨特：《萨特文论选》，施康强选译，北京：人民文学出版社，1991年，第103页。

[2] 萨特：《萨特文论选》，施康强选译，北京：人民文学出版社，1991年，第136页。

[3] Roland Barthes. Writing Degree Zero/ Elements of Semiology. trans. Annette Lavers and Colin Smith. Jonathan Cape Ltd., 1967, p. 21.

[4] Roland Barthes. Writing Degree Zero/ Elements of Semiology. trans. Annette Lavers and Colin Smith. Jonathan Cape Ltd., 1967, p. 76.

这种"不介入"的文学姿态是对萨特介入论的"拨乱反正",后来它逐渐发展为一种生存美学,该美学最主要的特征就是主动避开各种各样的矛盾冲突,和现实生活始终保持距离。

尼采在《偶像的黄昏》中曾说:"人与人,阶层与阶层之间的鸿沟,类型的多样化,自我实现和自我彰显的意志,我称这一切为距离的激情,是每个强大时代的特征。"① 与距离的激情相对的,是被他所否定的众生平等的伦理。尼采说这番话的目的是为了强调自己的道德观,他想用人的受难能力来代替基督教的同情,想用人的高贵的等级去衡量这种受难能力的程度。因此,"距离"在这里指的是将高贵者和平庸者区分开来的鸿沟。巴尔特显然(也许是有意)曲解了尼采的意思,他认为"距离的激情"不仅是一个美妙的表达,而且是一种温情的表达,它的原则是:不支配别人,不操纵别人,不干预各种社会政治事件,完全按照自己的方式生活。他崇尚这种有距离的生存方式,并且认为唯有这种方式才能够真正确保个体生存的价值。如果说他在"五月风暴"中的表现就是这种生存观念的预演,那么到了晚年他在法兰西学院的研讨班上,就从理论的层面将这种观念发扬光大了。

二、个人节奏性

1977 年 1 月,巴尔特告别高等实验学校入驻法兰西学院,他把自己的这一转变形容从"小学"(Ecole,该词在法语中既有"公立学校"又有"小学"的意思)到了"中学"(Collège,该词在法语中既有"学院"

---

① 尼采:《偶像的黄昏》,卫茂平译,上海:华东师范大学出版社,2007 年,第 158 页。

又有"中学"的意思)。随后不久,他就开始了自己的首期研讨班。在这期研讨班上,巴尔特讨论的核心问题是:个体在共同体中应该如何生活?更准确地说,个体应该与他人保持什么样的距离才能和他们一起构建一个没有异化(即没有权力干预)的社会?

他首先考察了宗教史上两种不同的隐修体系:一种是安东尼体系,另一种是帕科姆体系。巴尔特在分析这两种体系时认为,无论是安东尼体系还是帕科姆体系,它们都是非常极端的隐修方式。前者虽然能够使个体摆脱权力的干预,可以自由自在地安排自己的生活,但最大问题就是自我禁闭以及由此造成的心理孤寂。在安东尼体系中,每个人都是无助的,不仅在生活上,而且在心理上。相比之下,后者更不值得推广,因为在帕科姆体系中,每个人都会受到权力的驱使,被迫遵从各种清规戒律。当这两种方式都被否定之后,那么接下来的问题是:应该如何共同生活呢?在阅读雅克·拉卡里埃的作品《希腊之夏》时,巴尔特发现了一种非常值得推介的生活方式。在位于希腊北部的阿索斯山上,除了聚集修道的修道院外,还有一些个人节奏的修道院。在这些个人节奏的修道院里,每个修士都有自己的房间,除了一些特殊的宗教节日需要聚集在一起,他们平时都可以在自己的住处祈祷、诵经、读书、做饭、用餐、歇息,甚至还可以保留自己许愿前的财产。每当他们感到内心孤寂的时候,还可以相互走动,彼此串门,聚集在一起讨论。巴尔特将他们所表征的生活方式概括为"阿索斯山体系"。该体系最明显的特征就是"idiorrythmie",我们将它翻译为"个人节奏性"。这个词所表达的意思是:在聚集修道的共同体中,每个人却又可以按照自己的意愿和节奏来生活。

这个词原本是由希腊语的"idios"(个人的,个体的)和"rythme"(节奏)组合而成的。然而,巴尔特在引述该词时故意篡改了它的词源,认为"idiorrythmie"是由"idios"和"rhuthmos"(节奏)组合而成的。他之所以用"rhuthmos"取代"rythme",主要是因为:在他看来,"rythme"指已经固定下来的、具有规律性的节奏。当某种生活陷入了这样的节奏,也就成为了"俗套"。俗套的生活不但毫无乐趣可言,甚至是各种权力寄生的温床。让某人进入某种规则性的生活,或者让某人按照某种规则生活,这其实就是权力对人的生活的操控。福柯在《规训与惩罚》《临床医学的诞生》等作品中早就揭示过。和这个词汇相比,"rhuthmos"的不同之处在于,它虽然也是指"节奏",但它不是一种固定的节奏,而是可以变动的、间歇的、短暂的节奏。在《普通语言学问题》中,本维尼斯特将它形容为"流水的规则性运动"①。巴尔特对这个词的来源进行了非常详细的考察:

它起源于古代爱奥尼亚哲学。对于这些原子论的创始人,留基伯、德谟克利特,它是一个技术性的术语。在雅典时代之前,rhuthmos一词并不意味着"节奏"(rhythm),它也从未被用于指流水的规则性运动。其确切的含义是:一种区别性(distinctive)形式,一种和谐的形象,一种安排。与"图式"(schema)这个词很接近,却又并不相同。"图式":类似于某个对象(雕像、擅于雄辩的演说家、舞蹈者)已定型的、充分发展了的形式。"图式"≠形式,特别是当形式被设定为运动的、移动的、流动的时候,此时事物的形式没有固定的常态。Rhuthmos=一种流动的要素形式(书写的文字、妇女穿的飘曳的长裙、人的情绪),一种临时拼凑的、可以更改的形式。在原子论中,指原子可以流动的方式;它非但不固定,同时也没有显而易见的外形:一种"流动性"(音乐性的,

---

① 埃米尔·本维尼斯特:《普通语言学问题(选译本)》,王东亮等译,北京:生活·读书·新知三联书店,2008年,第83页。

也就是说，现代意义上的：柏拉图，《斐莱布篇》）。①

从这段引文可以看出，巴尔特所强调的是 rhuthmos 作为节奏的"区别性""流动性""可变性"。在他的概念域中，有一个词能够准确描述 rhuthmos 所指的状态——atopia，它的意思是"居无定所"。在"居无定所"的生活中却又可以拥有某种短暂的节奏，这就是巴尔特从雅克·拉卡里埃那里借用而来的"个人节奏性"的含义。

在他心里，如果说安东尼体系和帕科姆体系是两种极端的形式，那么阿索斯山体系就是"一种居间的、乌托邦式的、伊甸园式的、田园诗般的形式"②。这种形式既可以摆脱权力的束缚，又可以免除内心的孤寂。不过非常可惜，阿索斯山体系在宗教史上只是昙花一现，它还来不及发展就已经消失了，因为它是一种离心的形式，对于教会来说，非常难以控制。在阅读这段历史时，巴尔特对之产生了浓厚的兴趣，因而在法兰西学院的研讨班上他向学生提出了自己的幻想式："个人节奏性"（idiorrythmie）。在宗教史上，这种生活曾经出现过，然而在今天，在现实生活中，这种"居间的、乌托邦式的、伊甸园式的、田园诗般的形式"还是否可以存在？若存在的话，它又具有哪些特征？

在将其资料从宗教领域扩展到世俗世界的情况下，巴尔特选择了五种文学文本，它们分别是安德烈·纪德的《普瓦捷被非法监禁的女人》、丹尼尔·笛福的《鲁滨逊漂流记》、帕拉德的《修道院的故事》、托马斯·曼的《魔山》以及左拉的《家常菜》。之所以采用这种方式，因为在

---

① Roland Barthes. How to Live Together. trans. Kate Briggs. New York: Columbia University Press, 2013, p. 7.

② Roland Barthes. How to Live Together. trans. Kate Briggs. New York: Columbia University Press, 2013, p. 9.

现实生活中再也找不到类似于阿索斯山的样本，只能通过文学的形式，在文学作品中去寻找。巴尔特将这种方式概括为"某些日常空间的故事性模拟"。在形式上，他采用了曾经在《萨德，傅立叶，罗耀拉》中使用过的百科全书式的方法，首先列举了一系列熟语："疏忽""退隐""动物""自给自足制度""鱼群""官僚制度""原因""房间""首领""禁区""配对""距离""佣人""听觉""海绵""事件""花卉""田园诗"，等等。然后，再按照字母的顺序将它们进行排列。在每个熟语中，他所讨论的核心问题是"共同生活"（live together）和"个体生活"（live alone）之间的协调问题。具体而言，就是个体在共同体的生活中如何摆脱权力的束缚并且能够按照自己的节奏生活。

巴尔特原计划在最后一次课上给出明确的蓝图，不过他最终还是放弃了，为什么呢？他向学生解释说：

> 首先是因为一些偶然的原因：我没有时间汇集你们的贡献；当涉及到要愉快地创建一种幸福的乌托邦，我发现我缺乏必要的热情。而且，对于我来说，理论方面的原因变得越来越明显：个人节奏性共同生活的乌托邦不是一种社会乌托邦。现在，从柏拉图到傅立叶，所有书写出来的乌托邦都是社会的：尝试建立一种理想的权力组织。就我个人而言，我经常为没有这样的乌托邦而感到遗憾，我想写出一种家庭式的乌托邦：一种表现和预言主体与情感、与表征的良好关系的理想（快乐）方式。然而，严格说来，那不是乌托邦。它仅仅是——或者说到极点——对至善的寻找。在此，至善所涉及的是生活的空间。现在，至善——它的形象性——在深度和广度，以及个体化——也就是说，在他的整个个人历史中——方面使整个主体活跃起来。然而，仅有书面的形式——或者，你更乐意以虚构的方式——才能表达它。只有写作可以汇集最大的主观

性,因为在写作中,有着表达的间接性与主体的真实性之间的协调,因为无论如何,这种言语总是直接的和戏剧性的。①

这段话具有两层意思:第一,巴尔特强调自己所推崇的个人节奏性的乌托邦并不是社会的乌托邦而是家庭的乌托邦,前者的主要目的在于构建"一种理想的权力组织",即一种有效的社会管控方式,他认为从柏拉图一直到傅立叶莫不如此,而后者是对一种至善的生活空间的筹划。所谓"至善",在此他虽然没有给出明确的解释,我们结合上下文却可以推断出来,它是没有任何权力束缚的自由自在的生活。第二,这种个人节奏性的乌托邦在现实中根本不可能实现,而只能出现在文学作品中,并且以虚构的形式呈现出来。在就职演讲中,他早就意识到权力无所不在,"它不只是出现在国家、阶级、集团里,甚至出现在时尚、公众舆论、娱乐、运动、新闻、家庭和私人关系中,甚至还出现在企图对抗它的各种形式的解放活动中"②。福柯说:"权力不是一种制度,不是一种结构,也不是某些人生来就拥有的某种力量,它是大家在既定的社会中给予一个复杂的策略性处境的名称。"③ 只要有人际关系存在,权力就会被源源不断地生产出来。

既然巴尔特不能描绘出个人节奏性生活的蓝图,是否就意味着他的讨论失败了呢?在作出判断之前,我们必须考虑两个因素:第一,他的教学方法——幻想式教学。这种教学并不寻求——甚至公开反对——某

---

① Roland Barthes. How to Live Together. trans. Kate Briggs. New York: Columbia University Press,2013,pp.130—131.
② Roland Barthes. A Barthes Reader. ed. Susan Sontag. London: Jonathan Cape Ltd.,1982,p.459.
③ Michel Foucault. The History of Sexuality. trans. Robert Hurley. New York: Pantheon Books,1978,p.93.

个确切的结论。第二,乌托邦的性质。卡尔·曼海姆在《意识形态与乌托邦》(1929)中指出,"'乌托邦'这个术语的当代涵义,主要是一种原则上不能实现的思想。"① 如果它能实现的话,就不是"乌托邦"而是"托邦"(TóJIOS,指各种现存的社会秩序)。实际上,在一系列故事性模拟的过程中,巴尔特已经透露了自己的思想倾向:如何在共同体中获得个人节奏性的生活?他从爱德华·霍尔(Edward Hall)的著作中发现了一个重要术语:"体距学"(Proxemics)———一门专门研究人与人之间距离的学问。在前文中,我们提到了"距离的激情",那是他为构建自己的生存美学——"中性的生存"或者"零度生存"——特意从尼采的著作中挪用的概念。在此,他又从爱德华·霍尔的著作中挪用"体距学"这个概念意在构建个人节奏性的乌托邦。表面上,这是两条不同的路径,其实是一致的,因为个人节奏性生活的本质就是"中性的生存"或者"零度生存"。在共同体中,同时又要保持个人生活的节奏,这就是他在《写作的零度》中所强调的既"存在"又"不在","既置身于各种呼声和判决的环境里却又毫不介入其中"。

为了描述这种状态,他继续玩弄文字/术语游戏,从希腊语中借用了一个词语:"Xeniteia"。该词原指"远离家乡""到国外居住"。巴尔特将它引申为"域外居住",即相对于群体中的个体而言,他虽然身处某个空间却成为与这个空间无关的局外人(我们再次看到加缪的小说《局外人》对他的影响)。它有两种表现形式:一种是主动的,某人自愿同某个空间脱离联系,成为与这个空间无关的局外人;另一种是被动的,某人在某个空间中被他人孤立或排斥,被迫成为与这个空间无关的局外人。巴尔特极力推崇的是第一种方式,他把这种方式概括为"自愿流放"或者

---

① 卡尔·曼海姆:《意识形态与乌托邦》,黎鸣、李树崇译,上海:上海三联书店,2011年,第196页。

"一种内部的流放"。之所以说是"一种内部的流放",主要是因为这个人并没有离开自己所在的共同体,他始终扎根于共同体之中,但是,他并不认同这个共同体的价值和理念,因此无论在思想观念还是行动上都和它脱节。在巴尔特看来,"(在一个主体的心里)他一旦接受了 xeniteia(域外居住),就会形成一种无限的辩证法,以便使自己成为 xenos(与现实无关的局外人)。我们已经看到,后面这个概念接近于 xeniteia。……成为 xenos,而又不被看出。……如果这种零度存在的话,在某种程度上,它就应该是 xeniteia 本身。"① 可见,巴尔特从希腊语中搬出这个词汇的目的仍然是为了论证自己的立场——"中性生存"或者"零度生存"。他认为这是一种藏而不露的生活,一种鲜为人知的智慧,它既能让主体摆脱各种世俗的纷争,又能获得内心的宁静。既然如此,那么何乐而不为呢?巴尔特在这期研讨班结束时表明,"成为局外人不但不可避免,而且尤为必要"②。

三、逃遁者的哲学

"如何共同生活"的研讨班结束以后,巴尔特在法兰西学院又开设了另一期研讨班:"中性",它的时间跨度从 1978 年 2 月 18 日至 6 月 3 日。在这期研讨班上,由于巴尔特错误地将"中性"与怀疑论结合起来,外加上他的母亲埃丽昂特的去世所造成的巨大打击,他在思想上完全崩溃

---

① Roland Barthes. How to Live Together. trans. Kate Briggs. New York: Columbia University Press, 2013, p. 126.
② Roland Barthes. How to Live Together. trans. Kate Briggs. New York: Columbia University Press, 2013, p. 129.

了。对于一个崩溃的人来说，怎么可能抱持一种积极的哲学态度？在上期研讨班上，他尽管从爱德华·霍尔的著作中搬出了"体距学"的概念，崇尚尼采所提出的"距离的激情"，主张"xeniteia"（域外居住），却并没有割断个体与共同体的联系。而在这期研讨班上，巴尔特的思想明显发生了改变，他想切断个体与共同体之间的联系，让个体从共同体中摆脱出来，于是"隐退"和"无为"便成为新的理论话题。

"隐退"就是主动脱离现实生活，进入一个渴望已久的空间。在这个空间里，未必充满戏剧性的因素，却具有现实生活所没有的那份闲适和宁静（怀疑论的最终目的不就是为了获得宁静吗？）。从古到今，一些人或因为躲避政治，或因为宗教的虔敬，或因为理想远离喧嚣的人群，独自栖居。在本期研讨班上，巴尔特重点讨论了卢梭、斯威登堡和普鲁斯特的例子。1765年9月6日，卢梭在莫蒂埃村的居所遭到反对派的攻击，为了活命，他紧急逃往圣皮埃尔岛。圣皮埃尔岛位于碧茵纳湖的中央，这里不但人迹罕至，而且风光旖旎。他到此后不久就产生了隐退的冲动："我心中惴惴不安，真巴不得人们把我这个安身的地方建成一个永久的监狱，把我在这里关一辈子，剥夺我的一切权利，断绝我走出这个监狱的念头，切断我与陆地的联系，使我对外界发生的事情一无所知，忘记岛外的人们，也让岛外的人们忘记我。"[①] 可惜两个月后，卢梭就离开了这里，不过他把这两个月看成是自己一生中最幸福的时光。在法兰西学院的研讨班上，巴尔特对卢梭的这段经历进行了深入分析，在他看来，这一经历之所以值得学习主要有几方面的原因：（一）孤岛幻觉。脱离坚硬的陆地，自成一统，这是一种生活的乐趣；（二）用梦境消除时间。由于远离现实，所以能够放飞自己的想象，进而获得心灵的自由；（三）陪

[①] 卢梭：《一个孤独的散步者的梦》，李平沤译，北京：商务印书馆，2008年，第60页。

伴，引退。卢梭在这里并不孤独，因为岛上还有收税员以及他的家眷和仆人，他们的偶然造访尽管打破了生活的宁静，却也驱散了因独居带来的孤寂；（四）闲逸。这里没有书籍，没有写字台，因此可以暂停写作。在这儿，卢梭每天不是与植物打交道，就是泛舟湖中，尽情享受静谧的自然生活。

普鲁斯特是巴尔特深爱的作家。自从他的母亲去世之后，普鲁斯特便搬到了奥斯曼大道102号。由于身体的衰弱以及担心自己早早过世，他主动从社交圈中引退，并且将自己关在幽暗的房间里写作那部伟大的小说《追忆似水年华》。罗贝尔·布拉齐亚在一本小书中形容普鲁斯特当时的状态："方舟已经关闭，大地一片漆黑……挪亚在洪水之夜所欣赏的世界，完全是一种内心世界……。"① 在给朋友乔治·德·洛里斯的信中，普鲁斯特说："工作吧，这时，如果生活带来了挫折，你就不会感到痛苦，因为真正的生活是在别处，既不是在生活本身之中，也不是在其后，而是在其外。"② 这种"苦心孤诣"和"闭门幽居"让巴尔特心动。在自传中，他曾提到自己有两个工作空间，一个是巴黎，一个是乡村。"在于尔特那些早晨的快乐：阳光，房子，玫瑰，宁静，音乐，咖啡，工作，性生活的平静，僭越的假期……。"③ 每年夏天，巴尔特都会到那里住一段时间。这也就是说，他从骨子里喜欢这种"闭门幽居"的生活，所以在阅读普鲁斯特的时候能够心有戚戚。他分析后者的生活：（一）投身于创作，就像是在修道院里一样；（二）创作必须付出，特别是时间和

---

① 转引自莫洛亚：《追寻普鲁斯特》，徐和瑾译，上海：上海译文出版社，2014年，第116页。
② 转引自莫洛亚：《追寻普鲁斯特》，徐和瑾译，上海：上海译文出版社，2014年，第135页。
③ Roland Barthes. Roland Barthes by Roland Barthes. trans. Richard Howard, Hampshire and London: Macmillan Press, 1977, p.26.

精力；(三)连贯性的过程：收集资料—闭门幽居—结构成文。按照哈罗德·布鲁姆的影响理论，对于一个晚来后到的强者诗人，只有处于这种"苦心孤诣"和"闭门幽居"的状态，他才有可能走出父辈的阴影。在讲演中，巴尔特还顺便提到了瑞典著名科学家兼哲学家伊曼纽尔·斯威登堡。

这些都是历史上赫赫有名的人物，他们在盛年急流勇退，致力于追求事业或者生命的自由。巴尔特丝毫不掩饰自己对他们的钦羡，"即幻想我们也置身于这幅图景之中"①。这不是一种理想主义的冲动，而是思想上的不断退却。当他将东方哲学架构到自己的理论之中，这种退却就越发明显了。

六七十年代，他先后多次到达日本和中国，并且对这两个国家（特别是日本）产生了浓厚的兴趣。与此同时，他也阅读了一些有关东方的著作，如让·葛罗涅的《道家精义》、亨利·马伯乐的《关于中国宗教和历史的遗作》、冈仓天心的《茶艺》和《花之书》、铃木大拙的《禅论集》，等等。当然，这些只是一鳞半爪的知识。仅凭这些知识，他不可能真正了解东方。更何况，在跨文化沟通的过程中，每个接受者都会带着自身的"模子"。巴尔特对此心知肚明，在《符号帝国》(1970)一开篇他就表明了自己的立场：

我不是恋恋不舍地将目光盯在一种东方的美质上——对于我而言，东方并不重要，它仅仅提供了一套可供操作的特征——已经发明出来的可以相互影响的特征——可以让我以这种前所未闻的符号体系"取乐"，而这种符号体系和我们自己的相去甚远。在思考东方的时候，能够表明

---

① Roland Barthes. The Neutral. trans. Rosalind E. Krauss and Denis Hollier. New York: Columbia University Press, 2005, p. 138.

的不是另一种符号，另一种形而上学，另一种智慧（尽管后者看起来让人迷恋），而是符号体系的规范中所产生的一种差异、一种变革和革命的可能性。①

简言之，就是要以东方作为参照。因为他发现西方文化在发展的过程中已经遇到了一些障碍，而这些障碍又是它自身难以克服的，所以需要借助外部的力量，从异质文化中汲取资源。在某篇文章中，乔治·巴塔耶曾提到"科学的傲慢"，然而巴尔特认为"傲慢"（即隐藏在话语领域的意识形态）不仅仅存在于科学话语中，凡有信仰、信任、攫取意志、支配意志的地方，都会有傲慢侵入。在《何谓支配一种话语？——关于有精神投入的言语的研究》中，他已经讨论了话语的支配作用，而这种支配是无处不在的。如何消除语言的傲慢呢？在阅读亨利·马伯乐的著作时，他遇到了道家哲学的一种重要概念："无为"。老子曰："天下之至柔，驰骋天下之至坚。无有入无间，吾是以知无为之有益。不言之教，无为之益，天下希及之。"② 老子所讲的"无为"，并不是不作为，而是反对违背事物自身的客观规律强作妄为。然而，马伯乐在解释这一概念时却错误地将它理解为"不行动""不作为"（Non—Action）③。在巴尔特看来，"不行动""不作为"不就是不加以意志的干预吗？所以，他认为"无为"的本质就在于"免除意志"。如果主体在面对外在事物时均能免除意志，那么事物就会处于自然而然的状态，与此同时，主体内心也会淡泊宁静。这是道家的"无为"思想在话语领域的应用。

---

① Roland Barthes. Empire of Signs. trans. Richard Howard, New York: Hill and Wang, 1982, pp. 3—4.
② 陈鼓应：《老子注译及评介》，北京：中华书局，2009 年，第 232 页。
③ Henri Maspero. Taoism and Chinese Religion. trans. Frank A. Kierman, Jr., Amherst: The University of Massachusetts Press, 1981, p. 409.

在研讨班上，巴尔特还将"无为"拓展到个体生存领域。《庄子》里有一个故事，叙说尧想把王位传给一个名叫许由的隐士。许由拒不接受，他说："子治天下，天下既已治也。而我犹代子，吾将为名乎？名者实之宾也。吾将为宾乎？鹪鹩巢于深林，不过一枝；偃鼠饮河，不过满腹。归休乎君，予无所用天下为！"① 尧愿意把天下白送给许由，许由也不要。当然，如果要许由拔掉小腿上的一根毛来造福天下，他会更不乐意。这正是韩非子笔下的杨朱形象（"不以天下大利易其胫一毛"）。杨朱作为道家哲学的早期代表，他的行事规则是："不要做任何坏事，因为担心遭到惩罚；不要做任何善事，因为担心一旦有了好名声，就会被任命为官，吃苦受累……要尽量做到百无一用。"② 庄子显然继承了他的思想，庄子以木为例："山木自寇也，膏火自煎也。桂可食，故伐之；漆可用，故割之。人皆知有用之用，而莫知无用之用也。"③ 西方人向来讲究实用，却不知无用之大用，所以巴尔特评价说："太精彩了！总算找到了神圣的根基：百无一用真好！"④ 在现实生活中，怎样才能做到"百无一用"呢？巴尔特提供了三条建设性的意见：第一，"弃绝"（to abstain）。这是一套从身到心的修炼机制。在身体上，不仅要节食，而且要禁欲。巴尔特认为只有这样才能让自己活得清爽，活得长寿。在心理上，要尽量克制自己的情感，不要急于表态。在他看来，这样做的好处多多，既不会让人陷入各种纠纷，也不会遭到诽谤。第二，"无动于衷"（apathy）。这也就是庄子在他的哲学中所推崇的"形同槁木""心如死灰"的精神状态。在巴尔特看来，人只有达到这种状态才会宠辱不惊、淡泊宁

---

① 陈鼓应：《庄子今注今译》，北京：中华书局，2009 年，第 22—23 页。
② Jean Grenier. L'esprit du Tao. Paris: Flammarion, 1973, p. 108.
③ 陈鼓应：《庄子今注今译》，北京：中华书局，2009 年，第 156 页。
④ Roland Barthes. The Neutral. trans. Rosalind E. Krauss and Denis Hollier. New York: Columbia University Press, 2005, p. 179.

静。第三,"打坐"(to be sitting)。基督教的姿势——屈膝下跪;法西斯主义的姿势——立正。在巴尔特看来,只有东方人才会选择坐下,特别是禅宗和道家,它们均要求弟子们坐下静心修炼。"打坐是与无利可图的观念联系在一起的:Mushotoku:不图利,没有占有的欲望(mu=不+shotoku=图利)→Shikantaza=坐下,不追求目的,不追求利益。这一举动(姿势)虽然具有'强烈的'消极性,却不可小觑:坐下是积极的。"① 巴尔特非常欣赏日本僧人东阳英朝在《禅林句集》中收录的一句诗,在《恋人絮语》以及《小说的准备》中他也反复引用过:"静坐闲无事,春来草自生。"② 当人面对山川坐下来,渐渐消除了内心的欲念,忘却了自我,同于大化,这也就是禅宗和道家所寻求的生存之超越。可是对于巴尔特而言情况却并非如此,他之所以欣赏这样的诗句主要是他在失去母亲这根重要的情感支柱以后对现实生活越来越厌倦,"就像一个蜗牛壳那样,"埃里克·马尔蒂评价说,"他谨慎无比地蜷缩在这个壳里以逃避外部的世界,因为他可以借助于这个本能形成的空间而不再听见回声。"③ 就这样,巴尔特逐渐远离了生活,成为遭人唾弃的寂静主义者。这一时期,他在哲学中所修筑的也不过是一条毫无激情可言的逃遁之路。

---

① Roland Barthes. The Neutral. trans. Rosalind E. Krauss and Denis Hollier. New York: Columbia University Press, 2005, p. 185.
② Roland Barthes. The Neutral. trans. Rosalind E. Krauss and Denis Hollier. New York: Columbia University Press, 2005, p. 185.
③ 埃里克·马尔蒂:《罗兰·巴特:写作的职业》,胡洪庆译,上海:上海人民出版社,2011年,第27页。

四、小结

巴尔特在研讨班上曾说："一个人必须在这两者之间做出选择，他要么成为一名恐怖分子，要么成为一个自我主义者。"① 实际上，这句话是讲给别人听的，而他自己却并非如此，他野心勃勃地既想成为一名"恐怖分子"，又想成为一个"自我主义者"。作为一名"恐怖分子"，他总是不断地向传统发起攻击，企图将那些坚不可摧的事物掀翻在地。而作为一个"自我主义者"，他总是有意识地疏离群体，并且将自己和外界隔离起来。尼采在《作为教育者的叔本华》中曾强调我们每个人只有一次作为独一无二者呆在这个世界上，没有任何一种巧合能再次将如此纷乱的杂多汇聚成他如其所是的一。② 这就是生存之 diaphora（"细微的差异"）。在尼采的启发下，巴尔特不但想构建一门新的学问——Diaphoralogie（有关差异性的生存的学问），还想把它落实到行动上，变成某种生存的指南。借他自己的话说："我希望循着细微的差异去生活。"③ 如何"循着细微的差异去生活"呢？在这部分中，我们已经看到了巴尔特所提供的策略："不介入"，和现实生活之间始终保持着"距离的激情"，"xeniteia"（域外居住），"隐退"，"无为"。对于任何一个主体而言，通过这些方式尽管能够从群体中拯救自我，却也逐渐远离了生活，因此这

---

① Roland Barthes. The Neutral. trans. Rosalind E. Krauss and Denis Hollier. New York：Columbia University Press，2005，p. 132.

② 尼采：《不合时宜的沉思》，李秋零译，上海：华东师范大学出版社，2007 年，第 243 页。

③ Roland Barthes. The Neutral. trans. Rosalind E. Krauss and Denis Hollier. New York：Columbia University Press，2005，p. 11.

些策略是并不可取的。晚期巴尔特之所以备受指责，就是这种消极悲观的生存论美学造成的恶果。不过，也正因为如此，他在后结构主义阵营中方成为如此独特的一个。

幻想式教学：一种梦想

"规训"既不会等同于一种体制也不会等同于一种机构。它是一种权力类型，一种行使权力的轨道。它包括一系列手段、技术、程序、应用层次、目标。它是一种权力"物理学"或权力"解剖学"，一种技术学。
——米歇尔·福柯：《规训与惩罚》

在一本小书中，美国著名文艺理论家乔纳森·卡勒从不同角度勾勒了巴尔特的面孔："多才多艺的人""文学史家""神话学家""批评家""善辩者""符号学家""结构主义者""享乐主义者""作家""文人"。[①] 其实除了这些形象之外，巴尔特还有一副重要的面孔——这副面孔或许因为太过于熟悉，所以总是被人们忽略——那就是他作为"教育家"的形象。20世纪50年代，巴尔特先后在罗马尼亚、埃及和摩洛哥教书。60年代，他进入巴黎高等实验学校，与吕西安·戈德曼、A. J. 格雷马斯等成为同事。70年代，他又顺利当选为法兰西学院文学符号学教授，

---

① Jonathan Culler. Barthes: A Very Short Introduction. Oxford: Oxford University Press, 2002.

并且受邀到日本、美国和摩洛哥讲学。他一生都在从事教育事业，在漫长的教学生涯中，巴尔特取得了卓越的成就，不仅培养了朱丽娅·克里斯蒂娃、茨维坦·托多洛夫（Tzvetan Todorov）、安托万·孔帕尼翁（Antoine Compagnon）、埃里克·马尔蒂（Éric Marty）、帕特里齐亚·隆巴多（Patrizia Lombardo）等一批优秀的弟子，而且形成了自己独特的教学法。具体来说，就是幻想式教学。这种教学法深得人们的喜爱，许多人从巴黎或者外省蜂拥而来，加入他的研讨班。据传记作家埃尔韦·阿尔加拉龙多描述："一连三年，公学的第八教室都座无虚席。行政部门只好在另一间教室安上音响设备，以便让所有在学院街上奔跑的人都听得到罗兰的话。"① 到了 70 年代末，巴尔特的演讲几乎成为了法国青年学生的必修课。巴尔特为何要采用这种教学法？他的出发点和目的是什么？这种教学方法和他的理论之间究竟有怎样的关联？其内容又包括哪些？等等，这些问题非常重要，因为只有弄清这些问题，我们才能真正理解巴尔特的晚期思想。而要找到这些问题的答案，我们需要从他的就职演讲说起。

一、知识与控制

1977 年 1 月 7 日，巴尔特在法兰西学院的大礼堂发表了就职演讲。按照惯例，他首先感谢亲人和朋友们的帮助，然后转入正题，介绍自己

---

① 埃尔韦·阿尔加拉龙多：《罗兰·巴尔特最后的日子》，怀宇译，北京：中国人民大学出版社，2012 年，第 15—16 页。

的理论设计和教学构想。① 在演讲中,他模仿福柯的口吻说:"权力无处不在,在各个方面,在领导身上,在一些大大小小的组织中,在各个压迫集团以及受欺压的群体之间,到处都有'权威的'声音。他们被授权发出权力的话语——颐指气使的话语。……权力在这里被驱赶耗尽,在别的地方又会重新萌生,它永远都不会消失。如果为了消灭它而发动一场革命,不久它又会死灰复燃,并且在新的事物中重新发展。"②③ 在《规训与惩罚》《临床医学的诞生》《疯癫与文明》等著作中,福柯充分揭示了权力的微分机制,即权力存在的普遍性。作为他的近友,巴尔特不但吸收了福柯的权力观,并且将它拓展到教育领域。巴尔特说:"我们现代人在谈到权力的时候总是想当然地认为它是简单的事物,即某些人拥有而某些人没有的东西。以往我们相信权力是某种典型的政治现象,可如今我们相信它也是一种意识形态现象,它渗入到我们以前并未发现的

---

① 巴尔特的就职演讲在公开发表时删减了致谢的部分,其内容如下:"在我病愈后,菲利普·勒贝罗尔(Philippe Rebeyrol)安排我到加勒斯特法语学院当了教师;当我和朱利恩·格雷马斯在亚历山大大学工作并一起翻译那时还很少人了解的雅柯布森关于隐喻和换喻的文章时,格雷马斯把我带入了语言学领域;吕西安·费伏尔(Lucien Febvre)和乔治·弗里德曼(Georges Friedmann)使我能够在国家科学研究中心(CNRS)工作并且得到有效的学术训练;费尔南德·布罗代尔(Fernand Braudel)和我在巴黎高等实验学校的同事们十五年前给了一个人所能拥有的绝佳机会:一个职业和一种激情的结合。"详情可以参见 Louis—Jean Calvet. Roland Barthes: A Biography. Trans. Sarah Wykes. Cambridge and Oxford: Polity Press, 1994, pp. 216—217.

② Roland Barthes. A Barthes Reader. ed. Susan Sontag. London: Jonathan Cape Ltd. , 1982, pp. 459—460.

③ 福柯曾在《性经验史》第一卷(1976)中说:"权力无所不在:这不是因为它有着把一切都整合到自己万能的统一体之中的特权,而是因为它在每一时刻、在一切地点,或者在不同地点的相互关系之中都会生产出来。权力到处都有,这不是说它囊括一切,而是指它来自各处。"参见米歇尔·福柯:《性经验史》,佘碧平译,上海:上海人民出版社,2005年,第60页。

领域，渗入到学校和教学中来，并且在这些领域持久存在。"①

大家知道学校是合法的教育机构，可是却忘了它也是知识垄断的机构。法国当代著名社会学家 P. 布尔迪约和 J. C. 帕斯隆就认为，学校"作为专断性强加权力，只是因为它的性质不为人知，客观上被承认为合法权威，它才强化了它以之为基础并加以掩盖的专断权力"②。所谓"专断权力"，也就是知识垄断的权力。人们要接受教育，就必须进入学校，从小学到中学再到大学，甚至进入一些专门性的科研机构。因为只有在这些地方，人们才能够获得他们所需的文化知识。特别是当今时代，随着知识的分门别类，科目设置越来越专业化，学校对知识的控制就日益增强。英国伦敦大学教育学教授麦克·F. D. 扬在《关于作为社会知识组织的课程研究方法》中说学校毕竟是一种官方机构，它从国家制度层面获得了权力，并且把这种权力拓展延伸到知识的生产和管理之中，可遗憾的是，我们的社会学家却往往忽略了这点。③ 学校教授什么样的知识，采用什么方式来教学，并不是由接收者说了算，而是由学校说了算。每个学科或专业都有相应的培养方案，培养什么样的人才以及怎样培养人才，培养方案都有严格的规定。这也就意味着，每一个知识的接收者同时也是权力规训的对象。

P. 布尔迪约和 J.-C. 帕斯隆说："教育工作的先决条件是行使教育权威。它通过灌输专断的成功，越来越全面地掩饰灌输的专断性和所灌输文化的专断性。从而它的作用，是使教育权威，即教育行动及其灌输

---

① Roland Barthes. A Barthes Reader. ed. Susan Sontag. London：Jonathan Cape Ltd, 1982, p. 459.
② P. 布尔迪约、J.-C. 帕斯隆：《再生产》，邢克超译，北京：商务印书馆，2002年，第21页。
③ 麦克·F. D. 扬主编：《知识与控制——教育社会学新探》，谢维和，朱旭东译，上海：华东师范大学出版社，2002年，第27页。

的文化专断的合法性,受到肯定,并且不可逆转地神圣化。"① 而教师作为这一行动的主体,在整个教育的过程中,不仅主动发挥自身的引导魅力,而且实施话语操控。P. 布尔迪约和 J.‐C. 帕斯隆通过多年的研究发现,不管施教者多么年轻,他都有可能受到"父亲"一般的待遇。从精神分析的层面,他们的这一结论也获得了证明,弗洛伊德说:"现在我们理解了与教师的关系。他们即使本身不是父亲,但对我们来说也是父亲的替代者。所以,即便是在他们还很年轻的时候,在我们看来也已经十分成熟,已经到了无法达到的成人境界。我们把童年时代无所不知的父亲使我们产生的尊敬和希望转移到他们身上,对待他们有如过去在家里对待父亲。"② 这种身份的重叠使施教者相信他有资格向受教者传授有关知识,必要的时候,甚至可以动用已经被社会认可或者被制度授权的手段迫使人们接受他们所灌输的"知识"。当然,更多的时候,他们会采取怀柔的手段,即考试、考核或者课堂评价。通过考试,固然能够检测学生的学习效果,不过它也是一种知识的规范方式,即要求学生必须掌握某些内容,必须按照施教者所提供的思路回答有关问题,等等。考核的方式当然千变万化,既可以撰写论文,也可以提交报告,甚至可以利用课堂提问来进行,但是不管采用何种方式,施教者都会给出某个等级。一般来说,那些不遵从规范的"自由主义者",自由散漫的学生,他们的等级往往是较低的。通过分数或等级的判定,施教者可以从容不迫地操控受教者,从思想到行动,这就是权力的生动体现。

当然,除了以上这些,对于施教者来说,还有一种行之有效的方式,

---

① P. 布尔迪约、J.‐C. 帕斯隆:《再生产》,邢克超译,北京:商务印书馆,2002 年,第 46 页。
② 转引自 P. 布尔迪约、J.‐C. 帕斯隆:《再生产》,邢克超译,北京:商务印书馆,2002 年,第 28 页。

那就是语言。巴尔特说:"说话,或者更确切地说,发出话语,并非像人们通常所说的那样,是为了沟通,而是为了使人屈服。"① 在教学的过程中更是如此,施教者始终掌握着话语权,他可以轻松地肯定或者否定、表扬或者批评,将受教者往某个特定的方向引,进而改变他的思想认知,在这个场域中,施教者的"任何话语都可能是策略性的"②。在研讨班上,巴尔特曾特意提到了人们日常之间的问答,其中当然也包括师生之间的问答,这种形式往往将学生置于被动的地位,因为他无论做什么,都会像一只被套牢的老鼠,"问话否定了不知情的权利,否定了拥有某种不确定性的欲望的权利"③,他必须给出某种答案,否则就会被视为"愚昧"或者"无知",特别是当着其他同学的面。然而,对于教师来说,情形可不是这样,他作为发问者不仅拥有专断的权力,而且拥有评判的权力,由此可见,语言对于他恰恰就是控制的手段。

总而言之,教育并不是一个"清白无辜"(innocent)的领域,它既是一个知识场,也是一个被体制所认可并且替体制说话的权力场。"教育工作特有的生产能力,即它在向合法对象灌输它有权再生产的文化专断方面能达到的程度"④,通常由两个方面来决定:一是对受教者的知识控制;二是对受教者的整体形塑。然而,所有这些努力,用福柯的话说,

---

① Roland Barthes. A Barthes Reader. ed. Susan Sontag. London: Jonathan Cape Ltd., 1982, p. 460.
② Roland Barthes. How to Live Together. trans. Kate Briggs. New York: Columbia University Press, 2013, p. 161.
③ Roland Barthes. The Neutral. trans. Rosalind E. Krauss and Denis Hollier. New York: Columbia University Press, 2005, p. 107.
④ P. 布尔迪约、J.-C. 帕斯隆:《再生产》,邢克超译,北京:商务印书馆,2002年,第43页。

"都是为了制造出受规训的个人"①。

二、幻想式教学

如何将个体从权力的束缚下解救出来并且让他成为自己,这是巴尔特后期思考的核心主题。在《作为教育者的叔本华》中,尼采曾义正词严地说:"没有这样的解放,生活将变得多么没有希望、没有意义!"②因为在根底上,"每个人都相当清楚地知道,他只有一次、作为独一无二者呆在这个世界上,没有任何还如此罕见的巧合将第二次把一种如此奇特的五彩缤纷的杂多摇荡到一起成为如他所是的一"③。这里所谓"一",即个体存在的差异性。在《善恶的彼岸》中,尼采反复强调学生作为受教者必须学会做自己的主人,并且通过对教育者的反抗和斗争来激发自身的潜能。尼采的这一思想深深地影响了巴尔特,他参照希腊语的"Diaphora"(意为"差异""纷争")杜撰了一个词语:"Diaphoralogie",即展现差异的学问。该学问的研究对象就是如何确保每一个个体在日常生活中的差异,更确切地说,怎样让个体摆脱各种权力的约束。那么,在教育领域,怎样才能实现这一目标呢?

尼采强调斗争和反抗,可巴尔特并不认同这种做法,他在接受《改革》杂志的记者雅克林·萨斯(Jacqueline Sers)的采访时说:"我们如

---

① 米歇尔·福柯:《规训与惩罚》,刘北成、杨远婴译,北京:生活·读书·新知三联书店,2007年,第354页。
② 尼采:《不合时宜的沉思》,李秋零译,上海:华东师范大学出版社,2007年,第244页。
③ 尼采:《不合时宜的沉思》,李秋零译,上海:华东师范大学出版社,2007年,第243页。

果想要摆脱暴力,就必须接受非权力的思维,用当前的社会术语来说,就是绝对边缘性的思考方式。如果我们想要摆脱暴力,就必须拥有某种伦理,其自身需要强大,并且外在于权力,我们不能将自己陷入这样的境地,即主动参与权力的运作。"[①] 理由很简单,直接反抗权力只能让我们自身也变成权力的主体,这种做法非但不能消解权力,反而会使权力无限地增殖。对于巴尔特来说,仅凭他个人的绵薄之力根本不可能从社会或制度的层面铲除权力,作为一个普通的教育者,他所能做的主要工作就是自觉地远离权力,尽可能不与权力合谋。

怎样才能做到这一点呢?他在晚期研讨班上提出了一种新的教学法,即幻想式教学。所谓"幻想式"(fantasme),它并非一些华而不实、荒诞不经的想法,而是对可能或者不可能的事物的欲望方式,在作用上,它能够激发人类创造的潜能。加斯东·巴什拉(Gaston Bachelard)是法国著名的科技哲学家、新认识论的奠基人、诗人和作家,巴尔特对他推崇备至。巴什拉在《梦想的权利》中将人类的梦想提升到了哲学层面,他认为梦想不仅存在于物质之前,而且是人类改造物质世界的先决条件;一个人只有拥有梦想,才会去行动,才会去创造;和理性一样,梦想也是人类成就自身的方式,因为它直接作用于人类的心灵,所以比理性更具有价值。巴什拉说:"使这些梦想重新复活是有益的。"[②] 以莫奈、马拉美、马克·夏加尔(Marc Chagall)、路易·马科西斯(Louis Marcoussis)等人为例,巴什拉详细剖析了梦想对于法兰西文学和艺术所起的作用,总之,它是无可取代的。论及教育,巴什拉认为首先必须培养

[①] Roland Barthes. The Grain of the Voice: Interviews 1962—1980. trans. Linda Coverdale. Berkeley and Los Angeles, 1985, p. 310.

[②] 加斯东·巴什拉:《梦想的权利》,顾嘉琛、杜小真译,上海:华东师范大学出版社,2013年,第72页。

学生的想象能力，而不是盲目地给他们灌输思想，因为只有当他们具备了超凡的想象力，才能够逾越各种界限，打破常规，用激动人心的创造去改变生活。这些观念和巴尔特的想法不谋而合。在阅读儒勒·米什莱的历史著作时，巴尔特也有类似体会："这就是米什莱所理解的历史：历史终究是精妙绝伦的幻想领域，即人的身体的历史。正是从这种幻想出发，并通过使过去的身体重新焕发光彩，米什莱才使历史成为一门气势恢宏的人类学。"①

和传统的教学法相比，幻想式教学没有明确的目标，它也不期望得出某种确切的结论，甚至反对某种僵化的结论。对于施教者来说，他的作用不是发挥自己的专断权，操控话语和思想，而是提出某种具有价值的"幻想式"（fantasme），然后同学生一起商讨，必要时引导他们，帮助他们。在此场域中，教学双方是平等的，没有孰高孰低之分，他们紧紧地结合在一起，贡献自己的聪明才智。巴尔特形容这种情景就像年轻的妈妈带着孩子玩耍："孩子在她身边跑来跑去，离开她，又返回来，给她带来一颗石子、一根绒线，于是围绕一个安静的中心划定了一个游戏的场域。在这个场域里，石子和绒线都没有它们所提供的热情重要。"②埃里克·马尔蒂是巴尔特的亲炙弟子之一，他对当年的情景记忆犹新："巴特的课在下午开始，安排在一个人头济济的大厅，里面拥满了那些没有听课证，坐在过道地上的人。当时，我对课程的内容并没有太多的理解。课上得非常成功。"③ 他后来解释说，自己之所以"没有太多的理

---

① Roland Barthes. A Barthes Reader. ed. Susan Sontag. London: Jonathan Cape Ltd., 1982, p. 477.
② Roland Barthes. A Barthes Reader. ed. Susan Sontag. London: Jonathan Cape Ltd., 1982, p. 477.
③ 埃里克·马尔蒂：《罗兰·巴特：写作的职业》，胡洪庆译，上海：上海人民出版社，2011年，第21页。

解"主要是因为他从未接触过这种教学形式,之前都是以教师为主导,他没有料到学生和教师都能够成为课堂的主角,而且能以这种形式来探讨理论的生成。

这种教学最大限度地驱逐了权力,因为每个参与者都是自由的,他们既可以暂时摆脱日常生活的俗累,还可以将自己的思绪伸展到心之所向的地方,而不必关注现实生活的对错,各种禁忌和法则、目的和结果。不过,由于参加研讨班的人数众多,并且分散在不同的教室(为了满足听众的需求,学校管理部门在走廊和隔壁教室都安装了扩音器,从而使大家都能够听到巴尔特的声音),所以巴尔特的教学和他原初的想法存在一定的差距,他根本就没有办法和所有的学生交流,认真听取他们的想法。但是,其总体的思路还是按照预先的设想有条不紊地进行。尼古拉·德·维利耶在文章中给予了巴尔特高度评价,认为他所采用的是"一种伟大的差异性教学法"[1],而马里坦·德·鲍克则认为这种教育是古代以苏格拉底和柏拉图为代表的"希腊教育"的现代重现[2]。

三、不同的幻想式

在去世之前,巴尔特在法兰西学院先后开设了四期研讨班,依次为"如何共同生活"(1977年1月12日至5月4日),"中性"(1978年2月18日至6月3日),"小说的准备Ⅰ:从生活到作品"(1978年12月2日

---

[1] Nicholas de Villiers. "A Great Pedagogy of Naunce: Roland Barthes's The Neutral", Theory & Event. Vol. 8, No. 4, 2005, p. 122.
[2] Maarten de Pourcq. "'The Paideia of the Greeks': On the Methodology of Roland Barthes's Comment vivre ensemble", Paragraph, Vol. 31, No. 1, 2008, p. 23.

至3月10日）和"小说的准备Ⅱ：作品作为意志"（1979年12月1日至1980年2月23日）。按照原定计划，他在每期研讨班上都提出了不同的"幻想式"，分别讨论不同的主题。

他的首期研讨班关注的是个体生存。对于每个人来说，这是非常迫切的问题。海德格尔在他的哲学中反复强调人的存在就是在世存在（In—der—Welt—sein），这是人存在的基本前提。既然人依寓世界而存在，那么他就必然会与他人或者共同体打交道。巴尔特在日常观察以及研究中发现，共同体其实是一个权力滋生的地方，各种权力在这个空间中交织、较量，对于个体而言，怎样才能摆脱它的束缚呢？巴尔特提出了一种幻想式："个人节奏性"（idiorrythmie）。这是他根据希腊语词汇"idios"（个人的，本人的）和"rhuthmos"（节奏）杜撰的概念，意思是：身处群体之中，却又可以保持个体生活的节奏。为了使它理论化，巴尔特挪用了一系列资源，其中既包括古希腊和埃及的隐修文化，又包括托马斯·曼的《魔山》、笛福的《鲁滨逊漂流记》、纪德的《普瓦捷被非法监禁的女人》等文学文本，其实这些都是策略性的，巴尔特最终要表明的是：要想使幻想变成现实，就必须像加缪笔下的主人公默而索一样，成为与现实生活无关的"局外人"。巴尔特形容这种生存状态："就像到域外居住，不过这是世人很少见到的一种内部的流放，一种仍然不为人知的智慧，一种不显山露水的聪颖，一种掩藏的生活，一种人所未知而我一直在探索的目标，一种对荣誉的拒绝，一种沉默的渊薮。"[1]

第二期研讨班讨论的是"中性"（neuter）。这是巴尔特从叶姆斯列

---

[1] Roland Barthes. How to Live Together. trans. Kate Briggs. New York：Columbia University Press，2013，p.125.

夫和布龙达尔的语言学中借用的一个词语，它原指特殊音位上的中和现象。① 当巴尔特将它挪用到自己的哲学领域之后，它被赋予了新的含义："中性"即破坏聚合关系之物。索绪尔在《普通语言学教程》中概括了语言的基本规律："意义"源自于聚合关系，也就是各种形式的二项对立。只要有对立存在，就必然会产生意义；反过来，只要有意义，就必然存在对立。比如，"高"之所以为"高"，是和"低"比较而言；"美"之所以"美"，是和"丑"比较而言；"清"之所以为"清"，是和"浊"比较而言。巴尔特发现我们在使用这些词语时很少意识到它们之间的等级制，我们总是肯定前者而否定后者，或者用前者来否定后者，认为前者是而后者非。这种压制在语言中无所不在，巴尔特由此断言："作为语言结构之运用的语言，既不是反动的，也不是进步的，而凑巧是法西斯主义的。"② 而我们几乎所有的人文学科都是建立在这样的语言的基础之上的，只要这种情况不改变，那么权力就会四处蔓延。作为解构主义思想家，巴尔特认为当务之急就是铲平这样的语言的地基，彻底瓦解聚合关系。他的构想（即幻想式）是在两个互相对立的词项之间植入"中性"的种子，即插入一个第三项，假如这个新增的项次不是前两项的综合，那么它的介入必然会破坏原有的聚合关系，使之分崩离析。在本期研讨班上，巴尔特还将这种解构策略从语言和话语领域拓展到了性别和个体生存领域。巴尔特说："在准备这门课程的过程中，我寻找的是一种生活的起点、生命的引导（伦理学计划）；我想循着细微的差异生活。"③ 由

---

① 详情可以参见本书《"中性"：理论的辐辏》部分。在此部分，我对"中性"（neuter）一词的来源进行了比较细致的梳理。

② Roland Barthes. A Barthes Reader. ed. Susan Sontag. London: Jonathan Cape, 1982, p. 461.

③ Roland Barthes. The Neutral. trans. Rosalind E. Krauss and Denis Hollier. New York, Columbia University Press, 2005, p. 11.

此可见，巴尔特对个体生存的状态十分重视，这也是他作为一个后现代思想家、一个人文知识分子的特有情怀。

第三和第四期研讨班讨论的是同一个主题：小说创作。苏珊·桑塔格在给《巴尔特读本》撰写的序言中评价他说："尽管他对即将确立的（would—be）符号和结构科学有过突出贡献，但巴尔特的努力就精华而论仍然是在文学方面。"① 在《写作的零度》（1953）之后，他虽然转向了符号学和更加宽广的领域，但最终还是回到了文学。巴尔特在这两期研讨班上提出的幻想式是小说创作，不过他强调其目标并不是为了创作一部小说，而是构想一部小说，这是他作为一个理论家的重要工作："我决定把这个幻想式推进到尽可能远的地方，推到这样一种二中择一的场所：或者是欲望将要萎缩之处，或者是构想将要撞到写作的现实。"② 他以普鲁斯特的小说《追忆似水年华》为参照，依次讨论了作家的生活、写作意志，作品的体裁以及表达方式，等等。不过，结果是：欲望已经穷尽，而小说并未诞生。有学者评论说："本书（指《小说的准备》——引者加）是以客观分析形式表达的文学家主体心绪的一部'诗学'作品。母亲死后两年来的'小说的准备'，也就是这位都会诗人因彻底的虚无主义而告别人生的'精神准备'。巴尔特通过对文学死亡的'论证'表达了个人'生存意志'的消失。一种普鲁斯特'幻想式'观念，遂被用来支撑他最后的文学岁月和留给巴黎人的一份'小说解释学'遗产。"③ 研讨班结束两天之后，即 1980 年 2 月 25 日，巴尔特在法兰西学院门口惨遭

---

① Roland Barthes. A Barthes Reader. ed. Susan Sontag. London: Jonathan Cape, 1982, p. viii.

② Roland Barthes. The Preparation of the Novel. trans. Kate Briggs. New York: Columbia University Press, 2011, pp. 11—12.

③ 李幼蒸：《解析罗兰·巴尔特的"实证虚无主义"美学》，《现代中文学刊》，2009 年第 4 期。

车祸，不久便跨入了死亡之门，一代大师在"人生的中途"① 早早停止了思索。

四、小结

奥利维耶·伯格林（Olivier Burgelin）说："他的死造成了与我们的想象完全不成比例的真空。一个独创性的声音沉默了，这个声音最有可能说出我从未听到过的东西，我感到世界从此变得平淡无奇。无论在任何主题上，我们再也听不到巴尔特的声音了。"② "围绕着巴尔特的名字，一时间一切都归于沉寂，仅仅偶尔为他称之为'喧嚣'的回响（类似于石块落井后的回声）所扰动。"③ 反思巴尔特所倡导的教学法，我们能够感受到他作为一个后现代理论家所特有的反抗精神，以及他作为一个教育者内心所潜藏的人文情怀。跟同时代的思想家一样，他也渴望获得一个自由的"美丽新世界"。

可问题是这样的世界真的存在吗？无数的事实以及人类漫长的历史告诉我们，这样的世界不可能存在，只要有人的地方，就会孕育权力，就会有权力的生产和再生产。因此，巴尔特的教学不过是在权力的空间

---

① 这是但丁《神曲·地狱篇》中的第一句话，巴尔特在《小说的准备》开篇就援引了它，并且预测自己来日无多，生命已经进入倒计时了。他的这种精神状态始终弥漫于第三、第四期研讨班。详情参见 Roland Barthes. The Preparation of the Novel. trans. Kate Briggs. New York: Columbia University Press, 2011, pp. 3—9.

② Louis-Jean Calvet. Roland Barthes: A Biography. trans. Sarah Wykes. Cambridge and Oxford: Polity Press, 1994, p. 267.

③ 菲利普·罗歇:《罗兰·巴尔特传：一个传奇》，张祖建译，北京：中国人民大学出版社，2013年，第2页。

之外暂时开辟的一块精神栖息地,在那里,每个参与者都能暂时和外在的世界脱离,并且看到自己的差异性——无论是思想的还是情感的。但是,所有这些都不可避免地带有乌托邦色彩。巴尔特生前也坦言:"我拥有一种乌托邦的想象,特别是当我写作的时候经常浮现,即便我没有提到它,譬如我正在采用批判的方式来分析某个特定的概念,我也总是按照乌托邦的内在意象来工作:一种社会的乌托邦或者情感的乌托邦。"[1]正因为如此,戴安娜·奈特(Diana Knight)在一本小书中将巴尔特纳入了法国历史悠久的乌托邦传统,将他和空想社会主义者圣西门和傅立叶相提并论,只不过巴尔特是后现代的,而圣西门和傅立叶是前现代的。对于法兰西而言,他们都是功勋卓著的人物。

---

[1] Diana Knight. Barthes and Utopia: Space, Travel, Writing. Oxford: Clarendon Press, 1997, p.1.

参考文献

一、中文部分

1. 罗兰·巴尔特著作

罗兰·巴尔特. 符号帝国. 孙乃修, 译. 北京: 商务印书馆, 1994年.

罗兰·巴特. 神话—大众文化诠释. 许蔷蔷, 许绮玲, 译. 上海: 上海人民出版社, 1999年.

罗兰·巴特. 批评与真实. 温晋仪, 译. 上海: 上海人民出版社, 1999年.

罗兰·巴特. 流行体系——符号学与服饰符码. 敖军, 译. 上海: 上海人民出版社, 2000年.

罗兰·巴特. S/Z. 屠友祥, 译. 上海: 上海人民出版社, 2000年.

罗兰·巴特. 文之悦. 屠友祥, 译. 上海: 上海人民出版社, 2002年.

罗兰·巴特. 罗兰·巴特自述. 怀宇, 译. 天津：百花文艺出版社, 2002 年.

罗兰·巴尔特. 巴尔特访谈录. 刘森尧, 译. 台湾：桂冠图书股份有限公司, 2004 年.

罗兰·巴特. 恋人絮语——一个解构主义的文本. 汪耀进, 武佩荣, 译. 上海：上海人民出版社, 2004 年.

罗兰·巴特. 显义与晦义. 怀宇, 译. 天津：百花文艺出版社, 2005 年.

罗兰·巴特. 米什莱. 张祖建, 译. 北京：中国人民大学出版社, 2008 年.

罗兰·巴尔特. 符号学原理. 李幼蒸, 译. 北京：中国人民大学出版社, 2008 年.

罗兰·巴尔特. 符号学历险. 李幼蒸, 译. 北京：中国人民大学出版社, 2008 年.

罗兰·巴特. 神话修辞术·批评与真实. 屠友祥, 温晋仪, 译. 上海：上海人民出版社, 2009 年.

罗兰·巴尔特. 小说的准备. 李幼蒸, 译. 北京：中国人民大学出版社, 2010 年.

罗兰·巴尔特. 文艺批评文集. 怀宇, 译. 北京：中国人民大学出版社, 2010 年.

罗兰·巴尔特. 中性. 张祖建, 译. 北京：中国人民大学出版社, 2010 年.

罗兰·巴尔特. 如何共同生活. 怀宇, 译. 北京：中国人民大学出版社, 2010 年.

罗兰·巴尔特. 巴尔特自述. 怀宇, 译. 北京：中国人民大学出版社，2010 年.

罗兰·巴尔特. 明室：摄影札记. 赵克非，译. 北京：中国人民大学出版社，2011 年.

罗兰·巴尔特. 中国行日记. 怀宇，译. 北京：中国人民大学出版社，2012 年.

罗兰·巴尔特. 哀痛日记. 怀宇，译. 北京：中国人民大学出版社，2012 年.

罗兰·巴尔特. 偶遇琐记·作家索莱尔斯. 怀宇，译. 北京：中国人民大学出版社，2012 年.

2. 罗兰·巴尔特研究著作

卡勒尔. 罗兰·巴尔特. 方谦，译. 北京：生活·读书·新知三联书店，1988 年.

路易-让·卡尔韦. 结构与符号：罗兰·巴尔特传. 车槿山，译. 北京：北京大学出版社，1997 年.

铃村和成. 巴特——文本的愉悦. 戚印平，黄卫东，译. 石家庄：河北教育出版社，2001 年.

项晓敏. 零度写作与人的自由——罗兰·巴尔特美学思想研究. 上海：复旦大学出版社，2003 年.

汪民安. 谁是罗兰·巴特. 南京：江苏人民出版社，2005 年.

埃里克·马尔蒂. 罗兰·巴尔特：写作的职业. 胡洪庆，译，上海：上海人民出版社，2011 年.

蒋传红. 罗兰·巴特的符号学美学研究. 镇江：江苏大学出版社，2013 年.

菲利普·罗歇. 罗兰·巴尔特传：一个传奇. 张祖建, 译. 北京：中国人民大学出版社, 2013 年.

帕特里齐亚·隆巴多. 罗兰·巴特的三个悖论. 田建国, 刘洁, 译. 上海：华东师范大学出版社, 2017 年.

蒂费娜·萨莫瓦约. 罗兰·巴特传. 怀宇, 译. 上海：华东师范大学出版社, 2018 年.

3. 其他参考文献

费尔迪南·德·索绪尔. 普通语言学教程. 高名凯, 译. 北京：商务印书馆, 1980 年.

爱德华·汉斯立克. 论音乐的美——音乐美学的修改刍议. 杨业治, 译. 北京：人民音乐出版社, 1980 年.

柳鸣九编选. 新小说派研究. 北京：中国社会科学出版社, 1986 年.

特伦斯·霍克斯. 结构主义和符号学. 瞿铁鹏, 译. 上海：上海译文出版社, 1987 年.

伊·库兹韦尔. 结构主义时代：从莱维-斯特劳斯到福科. 尹大贻, 译. 上海：上海译文出版社, 1988 年.

巴尔扎克. 巴尔扎克全集. 北京：人民文学出版社, 1988 年.

塞克斯都·恩披里可. 悬疑与宁静——皮浪主义文集. 上海：上海三联书店, 1989 年.

萨特. 萨特文论选. 施康强, 选译. 北京：人民文学出版社, 1991 年.

乔纳森·卡勒. 结构主义诗学. 盛宁, 译. 北京：中国社会科学出版社，1991年.

尼采. 权力意志——重估一切价值的尝试. 张念东, 凌素心, 译. 北京：商务印书馆, 1991年.

伊·克拉姆斯基. 音位学概论——音位概念的历史与理论学派研究. 李振麟等, 译. 上海：上海译文出版社, 1993年.

弗雷德里克·詹姆逊. 语言的牢笼——结构主义及俄国形式主义述评. 钱佼汝, 译. 南昌：百花洲文艺出版社, 1995年.

乔纳森·卡勒. 论解构：结构主义之后的理论与批评. 陆扬, 译. 北京：中国社会科学出版社, 1998年.

米哈伊尔·巴赫金. 巴赫金全集. 钱中文, 主编. 石家庄：河北教育出版社, 1998年.

雅克·德里达. 论文字学. 汪堂家, 译. 上海：上海译文出版社, 1999年.

葛尔·罗宾等. 酷儿理论：西方90年代性思潮. 李银河, 译. 北京：时事出版社, 2000年.

罗曼·雅柯布森. 雅柯布森文集. 钱军, 王力, 译注. 长沙：湖南教育出版社, 2001年.

A. J. 格雷马斯. 结构语义学. 蒋梓骅, 译. 天津：百花文艺出版社, 2001年.

雅克·德里达. 书写与差异. 张宁, 译. 北京：生活·读书·新知三联书店, 2001年.

吉尔·德勒兹. 福柯·褶子. 于奇智, 杨洁, 译, 长沙：湖南文艺出版社, 2001年.

雅克·拉康. 拉康选集. 褚孝泉, 译. 上海：上海三联书店, 2001年.

米歇尔·福柯. 临床医学的诞生. 刘北成, 译. 南京: 译林出版社, 2001 年.

安德烈·纪德. 纪德文集. 李玉民, 译. 广州: 花城出版社, 2002 年.

柏拉图. 柏拉图全集. 王晓朝, 译. 北京: 人民出版社, 2002 年.

莫里斯·布朗肖. 文学空间. 顾嘉琛, 译. 北京: 商务印书馆, 2003 年.

汪民安, 陈永国编. 后身体: 文化、权力和生命政治学. 长春: 吉林人民出版社, 2003 年.

张泽乾, 周家树, 车槿山. 20 世纪法国文学史. 青岛: 青岛出版社, 2004 年.

弗朗索瓦·多斯. 从结构到解构: 法国 20 世纪思想主潮. 季广茂, 译. 北京: 中央编译出版社, 2004 年.

米歇尔·福柯. 性经验史. 佘碧平, 译. 上海: 上海人民出版社, 2005 年.

利兹·威尔斯等. 摄影学批判导论. 郑玉清, 译. 台湾: 韦伯文化国际出版公司, 2005 年.

贝尔纳·亨利·列维. 萨特的世纪——哲学研究. 闫素伟, 译. 北京: 商务印书馆, 2005 年.

高宣扬. 当代法国思想五十年. 北京: 中国人民大学出版社, 2005 年.

米歇尔·维诺克. 法国知识分子的世纪. 孙桂荣, 逸风, 译. 南京: 江苏教育出版社, 2006 年.

彼得·威德森. 现代西方文学观念简史. 钱竞, 张欣, 译. 北京: 北京大学出版社, 2006 年.

路易斯·叶姆斯列夫. 叶姆斯列夫语符学文集. 长沙：湖南教育出版社，2006年.

哈罗德·布鲁姆. 影响的焦虑. 徐文博，译. 南京：江苏教育出版社，2006年.

克洛德·列维-斯特劳斯. 结构人类学. 张祖建，译. 北京：中国人民大学出版社，2006年.

克洛德·列维-斯特劳斯. 野性的思维. 李幼蒸，译. 北京：中国人民大学出版社，2006年.

雅克·德里达. 多重立场. 佘碧平，译. 北京：生活·读书·新知三联书店，2006年.

W. J. T. 米歇尔. 图像理论. 陈永国，胡文征，译. 北京：北京大学出版社，2006年.

爱德华·W. 萨义德. 东方学. 王宇根，译. 北京：生活·读书·新知三联书店，2007年.

尼采. 不合时宜的沉思. 李秋零，译. 上海：华东师范大学出版社，2007年.

尼采. 偶像的黄昏. 卫茂平，译. 上海：华东师范大学出版社，2007年.

卢梭. 一个孤独的散步者的梦. 李平沤，译. 北京：商务印书馆，2008年.

埃米尔·本维尼斯特. 普通语言学问题（选译本）. 王东亮等，译. 北京：生活·读书·新知三联书店，2008年.

陈鼓应. 老子注译及评介. 北京：中华书局，2009年.

陈鼓应. 庄子今注今译. 北京：中华书局，2009年.

朱迪斯·巴特勒. 消解性别. 郭劼，译. 上海：上海三联书店，

2009 年.

朱迪斯·巴特勒. 性别麻烦：女性主义与身份的颠覆. 宋素凤, 译. 上海：上海三联书店, 2009 年.

A. J. 格雷马斯. 符号学与社会科学. 徐伟民, 译. 天津：百花文艺出版社, 2009 年.

朗松. 朗松文论选. 徐继曾, 译. 天津：百花文艺出版社, 2009 年.

苏珊·桑塔格. 论摄影. 黄灿然, 译. 上海：上海译文出版社, 2010 年.

玛里琳·邓恩. 修道主义的兴起：从沙漠教父到中世纪早期. 石敏敏, 译. 北京：中国社会科学出版社, 2010 年.

阿兰·罗伯-格里耶. 为了一种新小说. 余中先, 译. 长沙：湖南文艺出版社, 2011 年.

雨果. 雨果论文学. 柳鸣九, 译. 上海：上海译文出版社, 2011 年.

吴琼. 雅克·拉康：阅读你的症状. 北京：中国人民大学出版社, 2011 年.

卡尔·曼海姆. 意识形态与乌托邦. 黎鸣, 李书崇, 译. 上海：上海三联书店, 2011 年.

第欧根尼·拉尔修. 名哲言行录. 马永翔, 赵玉兰等, 译. 长春：吉林人民出版社, 2011 年.

索绪尔. 普通语言学手稿. 于秀英, 译. 南京：南京大学出版社, 2011 年.

阿兰·罗伯-格里耶. 旅行者. 余中先等, 译. 长沙：湖南美术出版社, 2012 年.

福楼拜. 福楼拜文学书简. 丁世中，译. 北京：北京燕山出版社，2012 年.

罗曼·雅柯布森. 雅柯布森文集. 钱军，选编、译注. 北京：商务印书馆，2012 年.

普鲁斯特. 追忆似水年华. 南京：译林出版社，2012 年.

大西克礼. 日本风雅. 王向远，译. 长春：吉林出版集团有限责任公司，2012 年.

莫洛亚. 追寻普鲁斯特. 徐和瑾，译. 上海：上海译文出版社，2014 年.

儒勒·米什莱. 女巫. 张颖绮，译. 北京：电子工业出版社，2014 年.

牛宏宝. 现代西方美学史. 北京：北京大学出版社，2014 年.

西格蒙德·弗洛伊德. 性学三论. 徐胤，译. 杭州：浙江文艺出版社，2015 年.

丹尼斯·于斯曼. 法国哲学史. 冯俊，郑鸣，译，北京：商务印书馆，2015 年.

朱莉娅·克里斯蒂娃. 克里斯蒂娃自选集. 赵英晖，译. 上海：复旦大学出版社，2015 年.

朱莉娅·克里斯蒂娃. 符号学：符义分析探索集. 史忠义等，译. 上海：复旦大学出版社，2015 年.

二、外文部分

1. 罗兰·巴尔特著作

Roland Barthes. On Racine. trans. Richard Howard, New York: Hill and Wang, 1964.

Roland Barthes. Writing Degree Zero/ Elements of Semiology. trans. Annette Lavers and Colin Smith, Jonathan Cape Ltd. , 1967.

Roland Barthes. Critical Eassays. trans. Richard Howard, Evanston: Northwestern University Press, 1972.

Roland Barthes. Mythologies. trans. Annette Lavers, New York: Hill and Wang, 1972.

Roland Barthes. S/Z. trans. Richard Miller, New York: Hill and Wang, 1974.

Roland Barthes. The Pleasure of the Text. trans. Richard Miller, New York: Hill and Wang, 1975.

Roland Barthes. Roland Barthes by Roland Barthes. trans. Richard Howard, Hampshire and London: Macmillan Press, 1977.

Roland Barthes. Image, Music, Text. trans. Stephen Heath, New York: Hill and Wang, 1977.

Roland Barthes. A Lover's Discourse Fragments. trans. Richard Howard, London: Penguin Books, 1978.

Roland Barthes. The Semiotic Challenge. trans. Richard Howard, New York: Hill and Wang, 1979.

Roland Barthes. The Eiffel Tower and Other Mythologies. trans.

Richard Howard, New York: Hill and Wang, 1979.

Roland Barthes. New Critical Essays. trans. Richard Howard, New York: Hill and Wang, 1980.

Roland Barthes. Camera Lucida: Reflection on Photography. trans. Richard Howard, Vintage: Hill and Wang, 1981.

Roland Barthes. Empire of Signs. trans. Richard Howard, New York: Hill and Wang, 1982.

Roland Barthes. The Fashion System. trans. Matthew Ward and Richard Howard, Evanston, Berkeley and Los Angeles: University of California Press, 1983.

Roland Barthes. A Barthes Reader. ed. Susan Sontag, New York: Hill and Wang, 1983.

Roland Barthes. New Critical Essays. trans. Richard Howard, Evanston: Northwestern University Press, 1985.

Roland Barthes. The Responsibility of Forms. trans. Richard Howard, Berkeley and Los Angeles: University of California Press, 1985.

Roland Barthes. The Grain of Voice: Interviews 1962—1980. trans. Linda Coverdale, California: University of California Press, 1985.

Roland Barthes. The Rustle of Language. trans. Richard Howard, New York: Hill and Wang, 1986.

Roland Barthes. Writer Sollers. trans. Philip Thody, Minnesota: University of Minnesoda Press, 1987.

Roland Barthes. Criticism and Truth. trans. Katrine Pilcher Keuneman, London: The Athlone Press, 1987.

Roland Barthes. Incidents. trans. Richard Howard, University of

California Press, 1992.

Roland Barthes. Œuvres complètes, Tome I, Vol. 1—4, 1942—1965. éd. Éric Marty, Paris: Seuil, 1993.

Roland Barthes. Œuvres complètes, Tome II, Vol. 1—4, 1966—1973. éd. Éric Marty, Paris: Seuil, 1994.

Roland Barthes. The Neutral. trans. Rosalind E. Krauss and Denis Hollier, New York: Columbia University Press, 2005.

Roland Barthes. Mourning Diary: Oct. 26, 1977—Sep. 15, 1979. trans. Richard Howard, New York: Hill and Wang, 2010.

Roland Barthes. The Preparation of the Novel. trans. Kate Briggs, New York: Columbia University Press, 2011.

Roland Barthes. How to Live Together. trans. Kate Briggs, New York: Columbia University Press, 2013.

2. 罗兰·巴尔特研究著作

Philip Thody. Roland Barthes: A Conservative Estimate. Atlantic Highlands, New Jersey: Humanities Press, 1977.

George R. Wasserman. Roland Barthes. G. K. Hall & Co., 1981.

Annette Lavers. Roland Barthes: Structuralism and After. London: Methuen & Co. Ltd., 1982.

M. Wiseman. The Ecstasies of Roland Barthes. Routledge, 1989.

Patrizia Lombardo. The Three Paradoxes of Roland Barthes. University of Georgia Press, 1989.

Michael Moriarty. Roland Barthes. Cambridge: Polity Press, 1991.

D. A. Miller. Bringing out Roland Barthes. California: University of California Press, 1992.

Sean Burke. The Death and Return of the Author: Criticism and Subjectivity in Barthes, Foucault and Derrida. Edinburgh: Edinburgh University Press, 1992.

Andrew Brown. Roland Barthes: the Figures of Writing. Oxford: Clarendon Press, 1992.

Louis — Jean Calvet. Roland Barthes: A Biography. trans. Sarah Wykes, Polity Press, 1994.

Rick Rylance. Roland Barthes. New York: Harvester Wheatsheaf, 1994.

Diana Knight. Barthes and Utopia: Space, Travel, Writing. Oxford: Clarendon Press, 1997.

Jonathan Culler. Barthes: A Very Short Introduction. Oxford: Oxford University Press, 1997.

Nancy M. Shawcross. Roland Barthes on Photography: the Critical Tradition in Perspective. Gainesville, Tallahassee, Tampa, Baca Raton, Pensawla, Orlando, Miami, Jacksonville: University of Florida, 1997.

Andy Stafford. Roland Barthes, Phenomenon and Myth: An Intellectual Biography. Edinburgh: Edinburgh University Press, 1998.

Graham Allen. Roland Barthes. London and New York: Routledge, 2003.

Mike Gane and Nicholas Gane (ed.). Roland Barthes, vol. Ⅰ—Ⅲ. London, Thousand Oaks, New Delhi: Sage Publications, 2004.

Timothy Scheie. Performance Degree Zero: Roland Barthes and Theatre. Toronto: University of Toronto Press, 2006.

Geoffrey Batchen (ed.). Photography Degree Zero: Reflection on Roland Barthes's Camera Lucida. Cambridge, Massachusetts, London: the MIT press, 2009.

Neil Badmington (ed.). Roland Barthes: Critical Evaluation in Cultural Theory, vol. Ⅰ—Ⅳ. London and New York: Routledge, 2010.

Kris Pint. The Perverse Art of Reading: on the Phantasmatic Semiology in Roland Barthes' Cours au College de France. trans. Christopher M. Gemerchak, Amsterdam and New York: Rodopi, 2010.

3. 其他参考文献

N. Trubetzkoy. Principles of Phonology. California: University of California Press, 1969.

Christopher Norris. Deconstruction Theory and Practice. Methuen, 1982.

Julia Kristeva. Desire in Language: A Semiotic Approach to Literature and Art. trans. Thomas Gora, Cambridge and Oxford: Columbia University Press, 1982.

Elizabeth Freund. The Return of the Reader: Reader—Response Criticism. Methuen, 1987.

Jacques Lacan. Écrits. trans. Alan Sheridan, London and New York: Routledge, 1989.

Luc Ferry and Alain Renaut. French Philosophy of the Sixties. trans. Mary Cattani, Massachusetts: the University of Massachusetts

Press, 1990.

Leonard Jackson. The Poverty of Structuralism: Literature and Structuralist Theory. London and New York: Longman, 1991.

Georges Bataille. The Accursed Share: An Essay on General Economy. New York: Zone Books, 1991.

Georges Bataille. The Absence of Myth: Writings on Surrealist. trans. Michael Richardson, London and New York: Bath Press, 1994.

Ellen Louise Healy. Tel Quel and the Formation of a Postmodern Avant-garde: French Intellectual Culture Since 1950. Los Angeles: University of California, 1995.

Jonathan Culler. On Deconstruction: Theory and Criticism after Structuralism. Ithaca and New York: Cornell University Press, 2007.

Lesie Hill. Radical Indecision: Barthes, Blanchot, Derrida, and the Future of Criticism. Indiana: University of Notre Dame Press, 2010.

Lesie Hill. Maurice Blanchot and Fragmentary Writing: A Change of Epoch. New York: Continuum Publishing Company, 2012.

后记

一本书的诞生是十分艰难的过程,更何况研究的对象是罗兰·巴尔特。《法国新牛津文学指南》收录了不同作家的作品,如加缪、萨特、罗伯-格里耶,他们每个人都有自己明确的身份:作家、哲学家、剧作家,唯独巴尔特难以分类。他既是批评家,又是理论家;既是文人,又是斗士;既是作家,又是哲学家。他的写作带有非常明显的后现代风格——语言跳跃、文迹飘忽、思想变动不居,和传统的理论表述截然不同。对于习惯于传统思维的我们而言,在阅读、理解和研究上均是一种挑战。

我对他的兴趣始于十多年前,那时我还在中国人民大学上学,我偶然翻开了《恋人絮语》。此前,我读过董学文和王葵翻译的《符号学美学》,对那种单调的理论演绎兴味索然。倒是这本新书令我爱不释手,我开始意识到巴尔特并非我曾想的那般刻板,而是优雅风趣。他在该书中运用符号学方法对情偶间的交往行为进行了酣畅淋漓的解析,妙笔成趣。该书点燃了我的热情,随后我便从诗歌领域转向法国理论,对巴尔特进行研究。近年来,我先后在《外国文学》《文艺理论研究》《中国人民大学学报》《美育学刊》等刊物发表文章,这些文章部分构成了本书的基础。在本书撰写的过程中，我始终坚持两条原则：一是尽量避免重复学术界已有的研究，二是尽可能对巴尔特的理论进行深度挖掘。所以，我讨论的范围从大家所熟悉的文学和哲学领域拓展到了巴尔特的跨国旅行、教育以及艺术领域，并且将他的晚期研讨班作为重点研究对象。由于我想写出一部巴尔特式即片断缝接式的作品，所以从一开始便放弃了体系化的努力，目的是在文本的断裂处留下道道豁口，让读者能够参与其中。这样设计，在部分内容上难免交叉，但我仍期待这本小书对大家有所助益。

在写作本书的过程中，我的学生范盼翻译了部分资料，我的爱人承担了几乎所有的家务，我的孩子们——暖暖和曼曼——为我单调的书斋生活增添了无穷的乐趣。安徽教育出版社的编辑朋友为此书的出版付出了辛劳。衷心地感谢你们！

最后需要说明的是，本书出版获得了我所在的单位安庆师范大学文学院学科建设经费的资助。尽管我不断努力，书中可能仍有疏漏，拜请大家批评指正。

金松林
2018 年 11 月 20 日